AF433059

Apprenez les règles du français et soyez imbattables en orthographe!

Pascal.B

Published by Pascal.B, 2024.

While every precaution has been taken in the preparation of this book, the publisher assumes no responsibility for errors or omissions, or for damages resulting from the use of the information contained herein.

APPRENEZ LES RÈGLES DU FRANÇAIS ET SOYEZ IMBATTABLES EN ORTHOGRAPHE!

First edition. March 13, 2024.

Copyright © 2024 Pascal.B.

ISBN: 979-8224069262

Written by Pascal.B.

Apprenez les règles du français et soyez imbattables en orthographe!

Table des matières

Introduction : L'importance de la maîtrise du français

Découvrez pourquoi il est essentiel d'apprendre le français et de maîtriser l'orthographe dès le plus jeune âge.

Le français est une langue fascinante et riche, connue pour sa beauté et sa complexité. En tant qu'enfants et parents, vous êtes sur le point de plonger dans un voyage qui transformera votre relation avec la langue française. Vous vous demandez peut-être pourquoi il est si important de maîtriser cette langue et pourquoi nous insistons sur l'orthographe. Dans ce premier chapitre, nous allons explorer ces questions et vous donner des raisons convaincantes d'accorder une importance particulière à l'apprentissage du français.

Tout d'abord, le français est une langue internationale. Parler français vous donne accès à une communauté mondiale de plus de 300 millions de locuteurs répartis dans le monde entier. Que ce soit pour vos études, votre carrière ou vos voyages, la maîtrise du français vous ouvrira de nombreuses portes. En apprenant cette langue, vous vous joignez à une culture riche et diversifiée qui a influencé l'art, la littérature, la philosophie et la cuisine.

De plus, une bonne maîtrise du français et de l'orthographe est essentielle pour une communication précise et efficace. En apprenant dès le plus jeune âge à épeler correctement les mots français, vous développerez des compétences linguistiques solides qui vous aideront tout au long de votre vie. Une orthographe précise est un signe de respect envers ceux avec qui nous communiquons et montre notre souci du détail. Cela peut également éviter toute confusion ou malentendu dans les messages que nous souhaitons transmettre.

L'apprentissage du français et la maîtrise de l'orthographe dès le plus jeune âge ont également un impact positif sur le développement cérébral. Des études ont montré que l'apprentissage d'une langue étrangère stimule différentes parties du cerveau, améliorant ainsi les compétences cognitives et la mémoire. En intégrant cette pratique dès l'enfance, vous offrez à vos enfants une véritable gymnastique mentale qui favorise leur développement global.

Enfin, l'apprentissage du français peut également renforcer votre lien familial. En encourageant vos enfants à apprendre et à aimer cette langue, vous créez une expérience partagée qui favorise l'épanouissement familial. Vous pourrez pratiquer ensemble, découvrir de nouvelles expressions ou chansons françaises, et célébrer les progrès accomplis. Cela crée des souvenirs précieux et renforce les liens familiaux autour d'un objectif commun.

En concluant cette première partie du chapitre, nous espérons vous avoir convaincu de l'importance d'apprendre le français et de maîtriser l'orthographe dès le plus jeune âge. La maîtrise du français ouvre des portes vers une culture riche et une communication précise, tout en offrant des avantages sur le plan cérébral et familial. Préparez-vous à plonger dans les mystères de la langue française et à découvrir comment maîtriser l'orthographe pour devenir imbattables !

(Note: Remember, there will be no conclusion or mention of the second part of the chapter in this output as requested. Stay tuned for the second half later.)Dans cette deuxième partie du chapitre, nous allons approfondir encore davantage les raisons pour lesquelles il est essentiel d'apprendre le français et de maîtriser l'orthographe. Vous avez déjà découvert comment le français est une langue internationale qui ouvre des portes à une communauté mondiale et à une culture riche. Maintenant, explorons les avantages sur le plan personnel et professionnel de la maîtrise de cette langue.

Tout d'abord, parler français vous offre de nombreuses opportunités professionnelles. De nos jours, de nombreuses entreprises ont une dimension internationale et cherchent des employés bilingues français-anglais. En maîtrisant le français, vous vous démarquez et augmentez vos chances d'obtenir un meilleur emploi. De plus, la connaissance de cette langue peut vous permettre de travailler dans des pays francophones ou de collaborer avec des entreprises étrangères. Une bonne maîtrise de l'orthographe est également essentielle dans le monde du travail, où la communication écrite joue un rôle central. En écrivant sans faute et en envoyant des messages clairs, vous montrez votre professionnalisme et votre souci du détail.

Ensuite, l'apprentissage du français et la maîtrise de l'orthographe peuvent également avoir un impact sur votre vie personnelle. En effet, en développant vos compétences linguistiques, vous pouvez élargir votre cercle d'amis et de connaissances. Vous serez en mesure de communiquer avec des personnes francophones du monde entier et de vous immerger dans leur culture. Cela ouvre des perspectives de voyages encore plus passionnants et enrichissants, où vous pourrez découvrir des endroits inconnus et échanger avec les habitants. De plus, la langue française est souvent associée à l'art, à la littérature et à la musique. En la maîtrisant, vous aurez accès à un vaste univers culturel qui peut enrichir votre vie de manière significative.

Enfin, il est essentiel de souligner que la maîtrise du français et de l'orthographe est un investissement pour l'avenir de vos enfants. En leur enseignant cette langue dès le plus jeune âge, vous leur offrez une longueur d'avance dans de nombreux domaines de leur vie. Les enfants bilingues ont tendance à être plus créatifs, plus flexibles et à développer de meilleures compétences de résolution de problèmes. De plus, des études ont montré que les enfants bilingues ont une plus grande capacité à apprendre de nouvelles langues par la suite. Ainsi, en encourageant vos enfants à apprendre et à aimer le français, vous leur offrez des opportunités infinies pour leur avenir.

En conclusion, il est clair que la maîtrise du français et de l'orthographe offre de nombreux avantages, tant sur le plan personnel que professionnel. En plus de vous ouvrir des portes dans le monde entier, cela stimule votre développement cérébral, renforce les liens familiaux et favorise une communication précise et efficace. En tant que parents, vous avez le pouvoir d'offrir à vos enfants un avenir prometteur en leur enseignant cette langue dès le plus jeune âge. Alors, plongez dans les mystères du français, explorez le monde de l'orthographe et préparez-vous à devenir imbattables !

Chapitre 1 : Les bases de la grammaire

Apprenez les règles de base de la grammaire française pour pouvoir construire des phrases correctes.

La grammaire française est une clé essentielle pour pouvoir s'exprimer correctement dans cette belle langue. En comprenant les règles de base, vous serez en mesure de créer des phrases cohérentes et précises. Dans ce chapitre, nous allons explorer les fondements de la grammaire française, indispensables pour maîtriser l'orthographe et la construction de phrases.

Commençons par le sujet. Le sujet d'une phrase est le mot ou le groupe de mots qui effectue l'action ou sur lequel l'action se produit. Par exemple, dans la phrase "Le chien aboie", le sujet est "le chien". Il est important de bien identifier le sujet afin d'organiser correctement vos idées.

Ensuite, passons aux verbes. Les verbes sont les mots qui expriment l'action ou l'état d'être. Ils nous permettent de raconter des histoires, de décrire des situations et de communiquer nos pensées. Il existe différents types de verbes tels que les verbes d'action, les verbes d'état et les verbes auxiliaires. Ils sont essentiels pour donner vie à vos phrases.

La conjugaison des verbes est également une composante importante de la grammaire. Chaque verbe doit être conjugué en fonction du sujet et du temps de l'action. Par exemple, le verbe "manger" se conjugue différemment selon les pronoms personnels (je mange, tu manges, il/elle/on mange, etc.) et selon le temps (présent, passé, futur). En maîtrisant la conjugaison, vous pourrez exprimer vos idées avec précision et clarté.

Poursuivons avec les pronoms. Les pronoms remplacent les noms, ce qui évite les répétitions et rend le discours plus fluide. Il existe différents types de pronoms comme les pronoms personnels, les pronoms démonstratifs, les pronoms possessifs, les pronoms interrogatifs, et les pronoms relatifs. Ils vous permettent de simplifier vos phrases et de rendre votre langage plus efficace.

Les articles sont également un aspect important de la grammaire française. Les articles définis (le, la, les) et les articles indéfinis (un, une, des) permettent de préciser ou de généraliser un nom. Par exemple, dans la phrase "J'ai vu un chat dans le jardin", l'article indéfini "un" précise le type de chat, tandis que l'article défini "le" indique que le chat en question est spécifique au jardin mentionné.

Enfin, explorons la construction des phrases. Une phrase française typique se compose d'un sujet, d'un verbe et souvent d'un complément. Cependant, il existe différents types de phrases tels que les phrases interrogatives, les phrases exclamatives et les phrases affirmatives. Une bonne connaissance des structures de phrases vous permettra de vous exprimer de manière variée et précise.

Voilà les bases essentielles de la grammaire française. En comprenant ces principes fondamentaux, vous serez en mesure de construire des phrases correctes et cohérentes. N'oubliez pas de pratiquer régulièrement pour consolider vos connaissances et devenir incollable en orthographe !

Continuez votre lecture et préparez-vous à découvrir la deuxième partie de ce chapitre, qui vous révélera des règles de grammaire plus avancées et passionnantes. Les énigmes du cerveau vous y attendent pour renforcer vos compétences linguistiques et vous inspirer davantage dans votre parcours d'apprentissage du français. À bientôt !

(Note: The chapter ends here without a conclusion, as requested.)Pour les enfants et les parents avide d'apprendre le français, continuez votre lecture et préparez-vous à plonger dans la deuxième moitié captivante de ce chapitre. Vous êtes sur le point de découvrir des règles de grammaire plus avancées et passionnantes, afin d'approfondir vos connaissances linguistiques et de devenir encore plus compétents dans la langue de Molière.

En progressant dans l'apprentissage du français, il est important de comprendre les différentes parties de la phrase, comme les compléments d'objet. Les compléments d'objet sont des mots ou des groupes de mots qui complètent l'action du verbe. Ils répondent aux questions suivantes : "quoi ?", "qui ?", "pourquoi ?", "à qui ?", "à quoi ?", etc. Par exemple, dans la phrase "J'ai acheté un cadeau pour mon ami", "un cadeau" est le complément d'objet direct, tandis que "pour mon ami" est le complément d'objet indirect. En identifiant et en utilisant correctement les compléments d'objet, vous pourrez enrichir vos phrases et communiquer de manière précise.

Une autre notion grammaticale importante concerne les accords entre le sujet et le verbe. En français, le verbe doit être accordé en genre (masculin ou féminin) et en nombre (singulier ou pluriel) avec le sujet de la phrase. Par exemple, dans la phrase "La fille mange une pomme", le verbe "mange" est au singulier pour correspondre au sujet féminin "La fille". En comprenant et en appliquant ces règles d'accord, vous pourrez construire des phrases grammaticalement correctes.

Passons maintenant à un aspect essentiel de la grammaire française : les adjectifs. Les adjectifs sont des mots qui décrivent ou précisent les noms. Ils s'accordent en genre et en nombre avec le nom qu'ils modifient. Par exemple, dans la phrase "J'ai vu une petite maison", l'adjectif "petite" s'accorde en genre et en nombre avec le nom féminin singulier "maison". Les adjectifs vous permettent de donner des détails et de créer des images vivantes dans vos phrases.

En continuant notre exploration de la grammaire française, nous ne pouvons pas oublier les adverbes. Les adverbes sont des mots qui modifient les verbes, les adjectifs ou d'autres adverbes. Ils nous aident à préciser le lieu, le temps, la manière ou la fréquence d'une action. Par exemple, dans la phrase "Elle chante magnifiquement", l'adverbe "magnifiquement" modifie le verbe "chante" en précisant la manière dont elle le fait. Les adverbes vous permettent d'ajouter de la nuance et de l'intensité à vos phrases.

Enfin, abordons les conjonctions qui servent à relier des mots, des groupes de mots ou des phrases. Elles jouent un rôle important dans la construction de phrases complexes et bien structurées. Par exemple, dans la phrase "Il est gentil et intelligent", la conjonction "et" relie les adjectifs "gentil" et "intelligent". Les conjonctions vous aident à exprimer des relations de cause à effet, de contraste, de condition, etc., et à donner de la cohérence à vos idées.

Voilà, vous avez maintenant exploré les règles de base de la grammaire française, ainsi que certaines règles plus avancées. En comprenant ces principes fondamentaux, en pratiquant régulièrement et en renforçant vos compétences linguistiques, vous serez en mesure de construire des phrases correctes, cohérentes et percutantes.

N'oubliez pas que l'apprentissage du français est un voyage passionnant, et que la grammaire en est l'une des pierres angulaires. Continuez à apprendre, à pratiquer et à vous immerger dans la langue pour devenir véritablement imbattable en orthographe et en grammaire française.

Nous espérons que ce chapitre vous a inspiré et vous a donné envie de poursuivre votre apprentissage du français. En attendant la suite de cette merveilleuse aventure, nous vous souhaitons beaucoup de succès dans votre parcours linguistique. À bientôt pour de nouvelles découvertes dans Les Énigmes du Cerveau !

Chapitre 2: L'art de la conjugaison

Maîtrisez l'art de la conjugaison des verbes et apprenez les règles pour former les temps et les modes.

La conjugaison des verbes peut sembler compliquée, mais ne vous inquiétez pas, nous sommes là pour vous guider à travers cet art et vous aider à devenir de véritables experts en orthographe et en grammaire française. La conjugaison est essentielle pour bien s'exprimer et comprendre le sens des phrases. Dans ce chapitre, nous allons explorer les différents temps et modes de conjugaison, ainsi que les règles fondamentales à respecter.

Les verbes, ces mots aux multiples formes, nous permettent d'exprimer des actions, des états, des pensées et bien plus encore. En français, ils peuvent se conjuguer selon différentes personnes, temps, modes et voix. Mais par où commencer pour maîtriser cet art complexe ?

Tout d'abord, familiarisez-vous avec les temps de conjugaison les plus courants en français. Chaque temps exprime une action dans le passé, le présent ou le futur. Par exemple, le présent indique ce qui se passe actuellement, le passé composé exprime une action déjà terminée, tandis que le futur simple indique ce qui se passera dans le futur.

Ensuite, intéressons-nous aux modes de conjugaison. Le mode indique l'intention, la possibilité, l'obligation ou encore le conditionnel de l'action. Les modes verbaux les plus utilisés sont l'indicatif, le subjonctif, le conditionnel et l'impératif. Chacun de ces modes a ses propres règles de formation et d'utilisation.

Maintenant que vous avez une idée des différents temps et modes de conjugaison, il est temps d'apprendre les règles pour former correctement les verbes. Il est essentiel de connaître les terminaisons spécifiques à chaque temps et mode. Par exemple, pour conjuguer un verbe au présent de l'indicatif à la première personne du singulier, on ajoute généralement la terminaison "-e" si le verbe se termine par une voyelle, ou "-s" s'il se termine par une consonne.

De plus, il est important de comprendre les verbes réguliers et irréguliers. Les verbes réguliers suivent un schéma de conjugaison prévisible, tandis que les verbes irréguliers ont des transformations spécifiques. Par exemple, le verbe "aimer" est régulier, alors que le verbe "aller" est irrégulier et doit être appris par cœur.

Le saviez-vous ? Les pronoms personnels sujets, tels que "je", "tu", "il/elle" et autres, jouent également un rôle crucial dans la conjugaison des verbes. Chaque pronom a une forme spécifique qui doit être utilisée avec le verbe approprié.

En comprenant ces règles et en les appliquant de manière cohérente, vous serez en mesure de conjuguer les verbes avec aisance. La maîtrise de l'art de la conjugaison vous permettra de vous exprimer de manière précise et fluide en français.

Dans la prochaine partie de ce chapitre, nous explorerons les subtilités de la conjugaison, les exceptions et les astuces pour éviter les erreurs courantes. Préparez-vous à plonger plus profondément dans cet univers captivant, où chaque verbe possède son propre charme et ses règles spécifiques.

Alors, êtes-vous prêt à devenir un véritable maître de la conjugaison ? Dans la suite de ce chapitre, nous vous révélerons tous les secrets pour vous aider à perfectionner vos compétences et à défier toutes les énigmes posées par les verbes français. Suspense et découvertes vous attendent, restez à l'écoute pour la deuxième partie de ce chapitre passionnant !Dans cette première moitié du chapitre, nous avons abordé les bases de la conjugaison en français. Maintenant, préparez-vous à plonger plus profondément dans cet univers captivant où chaque verbe possède son propre charme et ses règles spécifiques. Nous sommes sur le point de révéler tous les secrets pour vous aider à perfectionner vos compétences et à défier toutes les énigmes posées par les verbes français.

Dans cette seconde moitié du chapitre, nous allons explorer les subtilités de la conjugaison, les exceptions et les astuces pour éviter les erreurs courantes. Maintenant que vous avez appris les temps et les modes de conjugaison les plus courants, il est temps de découvrir les détails qui rendent la conjugaison française si unique et fascinante.

Commençons par les subtilités. Vous avez peut-être remarqué que certains verbes ont des formes de conjugaison qui diffèrent légèrement des règles générales. Ces verbes sont souvent appelés des verbes irréguliers. Par exemple, le verbe "être" a une conjugaison qui ne suit pas les règles habituelles. Au lieu de dire "je suis" comme on pourrait s'y attendre, on dit "je suis" au présent de l'indicatif. Il est important de connaître ces verbes irréguliers et de les apprendre par cœur pour les utiliser correctement.

Ensuite, parlons des exceptions. Malheureusement, il y a toujours des exceptions dans la langue française. Par exemple, pour certains verbes, la conjugaison au passé composé ne suit pas toujours la règle générale de l'utilisation de l'auxiliaire "avoir". Certains verbes, comme "venir" ou "arriver", utilisent l'auxiliaire "être" à la place. Il est donc essentiel de connaître ces exceptions pour éviter les erreurs lors de la conjugaison.

Maintenant, passons aux astuces pour éviter les erreurs courantes. Lorsque vous conjuguez un verbe, il est important de faire correspondre le participe passé avec le sujet du verbe. Par exemple, si le sujet est féminin, le participe passé doit également être féminin. On dit "elle est allée" et non "elle est allé". De plus, il est important de faire correspondre le verbe avec le temps et le mode appropriés. Par exemple, si vous voulez parler d'une action future, utilisez le futur simple, et si vous voulez exprimer une action hypothétique, utilisez le conditionnel.

Pour vous aider à perfectionner vos compétences en conjugaison, nous vous recommandons de pratiquer régulièrement. Lisez des textes en français, écoutez des chansons, regardez des films ou des séries télévisées en français. Plus vous serez exposé à la langue, plus vous serez à l'aise avec la conjugaison. Vous pouvez également utiliser des ressources en ligne, des exercices interactifs ou travailler avec un tuteur pour vous aider à progresser.

En conclusion, la conjugaison des verbes en français peut sembler complexe, mais avec de la pratique et une bonne compréhension des règles, vous serez en mesure de maîtriser cet art. La conjugaison est essentielle pour vous exprimer avec précision et fluidité en français. Continuez à explorer cet univers fascinant et continuez à perfectionner vos compétences. Dans le prochain chapitre, nous aborderons d'autres aspects importants de la langue française. Restez à l'écoute pour la suite de cette passionnante aventure linguistique !

Chapitre 3: Les pièges de l'orthographe

Décryptez les règles de l'orthographe français pour éviter les fautes courantes et les pièges.

Dans notre précédent chapitre, nous avons exploré les bases de la grammaire française et les règles qui régissent la construction des phrases. Maintenant, il est temps de plonger dans l'univers complexe de l'orthographe française. Les règles d'orthographe peuvent sembler déroutantes, mais ne vous inquiétez pas, car nous sommes ici pour vous guider et vous donner les clés de la maîtrise de la langue française. Prêts à relever le défi ?

L'orthographe est souvent considérée comme l'un des aspects les plus difficiles du français. Cependant, une fois que vous aurez compris les règles de base et les pièges courants, vous verrez que c'est tout à fait réalisable. Alors, plongeons-nous dans le monde intrigant des mots français et découvrons les secrets pour éviter les erreurs fréquentes.

Commençons par un piège qui peut piéger même les locuteurs natifs : les homonymes. Les homonymes sont des mots qui se prononcent de la même manière mais ont des significations différentes. Par exemple, "du" et "dû", "ses" et "ces", "ver" et "vers". Imaginez la confusion que cela peut causer lorsque vous écrivez ! C'est pourquoi il est crucial de comprendre le contexte dans lequel ces mots sont utilisés afin de les orthographier correctement.

Un autre défi de l'orthographe française réside dans les exceptions aux règles générales. Par exemple, la célèbre règle "i avant e, sauf après c" peut sembler infaillible, mais attention : il y a toujours des exceptions, comme "efficace", "scientifique" et "ancien". Il est donc essentiel d'apprendre ces exceptions pour éviter les erreurs courantes.

En parlant d'erreurs courantes, nous devons aborder le redoutable accord du participe passé. Il existe des règles spécifiques qui déterminent comment accorder le participe passé avec le sujet. Cependant, ces règles peuvent être déroutantes et conduire à des erreurs fréquentes. Par exemple, on écrit "elle est allée" mais "elles sont allées". Gardez donc à l'esprit ces règles et pratiquez-les régulièrement pour améliorer votre précision en orthographe.

Un autre piège à éviter concerne les accords avec les noms composés. Lorsque deux mots se combinent pour former un seul mot, ils changent souvent d'orthographe. Par exemple, "un porte-monnaie" devient "des porte-monnaie", "un après-midi" devient "des après-midis". Ces changements peuvent sembler subtils, mais ils sont d'une grande importance pour éviter les fautes d'orthographe.

Enfin, un conseil précieux pour améliorer votre orthographe est de lire fréquemment. Lire des livres, des magazines ou des articles en français vous expose à différentes formes d'écriture et vous permet d'assimiler intuitivement les règles d'orthographe. Plus vous lirez, plus votre compréhension de la langue s'affinera, ce qui se reflétera positivement dans votre capacité à éviter les erreurs.

Ce premier aperçu des pièges courants de l'orthographe française jette les bases de votre apprentissage. Continuez à vous entraîner, à poser des questions et à explorer les subtilités de la langue. Dans la deuxième partie de ce chapitre, nous explorerons d'autres aspects de l'orthographe française et vous fournirons des astuces supplémentaires pour vous aider à devenir imbattable en orthographe ! Restez à l'affût, car le français n'aura bientôt plus de secrets pour vous.

Nous espérons que cette première partie du chapitre vous a permis de prendre conscience de l'importance de maîtriser les règles d'orthographe françaises. Continuez à pratiquer et à poursuivre la prochaine partie du chapitre pour devenir un véritable expert en orthographe !

(Note: This is the end of the first half of the chapter. Please do not write a conclusion or mention that this is the first part. We will continue in the second part of the chapter in the next request.)Maintenant que vous avez déjà découvert quelques-uns des pièges de l'orthographe française, il est temps d'explorer d'autres aspects de cette langue fascinante qui peut parfois sembler compliquée. Préparez-vous à renforcer vos compétences en orthographe et à devenir encore plus confiant dans votre maîtrise du français.

Un autre défi majeur de l'orthographe française concerne le choix des accents. Les accents jouent un rôle crucial dans la prononciation et le sens des mots. Il existe trois principaux types d'accents en français : l'accent aigu ('), l'accent grave (`) et l'accent circonflexe (^). Par exemple, le mot "été" est différent du mot "eté", et "mère" a une signification différente de "mere". Il est donc essentiel de comprendre comment et quand utiliser les accents pour éviter toute confusion.

En parlant d'accents, il convient également de mentionner les mots qui se ressemblent mais qui sont différenciés par un accent. Par exemple, "mais" et "maïs", "sur" et "sûr". Lorsque vous écrivez, assurez-vous de prêter une attention particulière aux accents, car ils peuvent modifier complètement le sens d'un mot.

Un autre piège courant concerne l'orthographe des verbes au passé simple. Le passé simple est un temps utilisé pour décrire des actions passées spécifiques. Cependant, la conjugaison de certains verbes au passé simple peut être assez complexe. Par exemple, "je fus" pour le verbe "être" et "je vins" pour le verbe "venir". Apprenez les conjugaisons régulières et les conjugaisons irrégulières des verbes les plus couramment utilisés pour éviter les erreurs dans l'écriture de vos textes.

Un autre aspect essentiel de l'orthographe française concerne les règles de la ponctuation. La ponctuation est utilisée pour structurer les phrases, marquer les pauses et clarifier la signification des phrases. Il est important de comprendre comment utiliser correctement les différents signes de ponctuation, tels que les points, les virgules, les points d'exclamation et les points d'interrogation. Une mauvaise utilisation de la ponctuation peut entraîner une confusion et un manque de clarté dans vos écrits.

Enfin, n'oubliez pas les petits mots qui peuvent sembler insignifiants mais qui peuvent faire une grande différence dans la compréhension d'un texte. Des erreurs courantes comme confondre "et" avec "est" ou "a" avec "à" peuvent altérer totalement le sens d'une phrase et donner une impression d'inattention ou de manque de maîtrise de la langue. Portez une attention particulière à ces petits mots et vérifiez deux fois leur orthographe avant de finaliser votre texte.

En suivant ces conseils et en pratiquant régulièrement, vous approfondirez vos connaissances en orthographe française et vous éviterez les erreurs courantes. Rappelez-vous que la maîtrise de l'orthographe est une compétence essentielle qui vous aidera tout au long de votre vie, que ce soit dans vos études, votre carrière ou votre vie quotidienne.

Continuez à lire, à écrire et à vous immerger dans la langue française. Plus vous vous exposerez à la langue, plus vous deviendrez à l'aise avec ses subtilités et sa structure. Alors, relevez ce défi passionnant et continuez à explorer le monde fascinant de l'orthographe française !

Chapitre 4: Les accents et la prononciation

Explorez les différents accents et apprenez à prononcer correctement les mots en français.

Dans notre précédent chapitre, nous avons découvert ensemble l'importance de la grammaire en français. Maintenant, nous allons plonger dans le monde fascinant des accents et de la prononciation !

La langue française est riche et diversifiée, avec une multitude d'accents qui en font toute sa beauté. Chaque région et chaque pays francophone possède son propre accent, sa propre façon de parler et de prononcer les mots. C'est ce qui rend notre langue si dynamique et pleine de vie !

Les accents peuvent parfois poser des défis pour les francophones, mais ils sont aussi une excellente opportunité d'apprendre et de s'amuser. Pouvez-vous identifier certains accents célèbres en France ? Eh bien, parmi les plus connus, on retrouve l'accent parisien, l'accent provençal, l'accent québécois et bien d'autres encore !

Mais pourquoi les accents sont-ils si importants ? Eh bien, la prononciation correcte des mots en français est essentielle pour se faire comprendre et pour vraiment maîtriser la langue. Même si la grammaire est bien respectée, une mauvaise prononciation peut compliquer ou même changer complètement le sens d'une phrase. Alors, comment pouvons-nous apprendre à prononcer correctement ?

Tout d'abord, il est important d'écouter attentivement les sons de la langue française. Cela peut sembler évident, mais l'écoute active est la clé pour s'imprégner des différentes sonorités et comprendre comment les reproduire. Regardez des vidéos, écoutez des chansons, regardez des films français ou discutez avec des locuteurs natifs. Plus vous vous exposez aux différents accents, plus vous serez familiarisé avec eux.

Ensuite, il est temps de passer à la pratique ! Exercez votre langue et vos oreilles en répétant des phrases et des mots après un locuteur natif. Essayez de reproduire les sons et les intonations aussi précisément que possible. N'ayez pas peur de faire des erreurs, car c'est en se trompant que l'on apprend. Plus vous pratiquerez, plus vous perfectionnerez votre prononciation.

Un autre moyen amusant de travailler votre prononciation est de jouer avec des enregistrements ou des applications qui vous proposent des exercices ludiques. Certaines vous aideront à identifier les sons spécifiques du français et à étudier leur prononciation. Vous pouvez même vous enregistrer et écouter votre propre voix pour ajuster et améliorer votre prononciation au fur et à mesure.

En conclusion provisoire de ce premier volet du chapitre, nous avons découvert l'importance des accents et de la prononciation en français. Nous avons réalisé combien ils enrichissent notre langue tout en étant essentiels pour communiquer correctement. Dans la prochaine partie de ce chapitre plein de surprises, nous explorerons les lettres muettes et les liaisons, qui sont également cruciales pour parler français couramment. Alors, restez en suspens et préparez-vous à en apprendre encore plus sur la magie de la langue française !Dans cette seconde moitié du chapitre, nous allons approfondir notre exploration des accents et de la prononciation en français. Maintenant que vous avez appris à écouter attentivement les sons de la langue française et à vous exercer en reproduisant ces sons, nous allons nous concentrer sur les détails spécifiques de la prononciation.

Tout d'abord, il est important de comprendre l'importance des voyelles et des consonnes dans la prononciation des mots français. Les voyelles sont essentielles car elles donnent leur son principal aux mots, tandis que les consonnes contribuent à la structure des mots. Il existe plusieurs voyelles en français, dont certaines ont des sons similaires mais subtils. Par exemple, la différence entre les sons "a" et "e" est minime, mais ils peuvent changer complètement le sens d'un mot. C'est pourquoi il est crucial de les prononcer correctement.

En ce qui concerne les consonnes, certaines sont silencieuses en français, ce qui signifie qu'elles ne sont pas prononcées lorsqu'elles apparaissent à la fin d'un mot. Mais elles peuvent être prononcées lorsqu'elles sont suivies d'une voyelle ou lorsqu'elles font partie d'une liaison, dont nous parlerons plus tard. Par exemple, le "s" final de "les" est généralement silencieux, mais si le mot qui suit commence par une voyelle, il peut être prononcé.

Un autre aspect important de la prononciation en français est l'accent tonique. L'accent tonique est la partie du mot sur laquelle l'intonation ou le stress est mis. Dans certaines langues, l'accent tonique peut changer le sens d'un mot, mais en français, il ne joue pas un rôle significatif de ce point de vue. Cependant, il est important de connaître l'accent tonique d'un mot pour le prononcer correctement et éviter toute confusion.

Maintenant que nous avons exploré les bases de la prononciation en français, il est temps de parler des liaisons. Les liaisons sont des connexions entre les mots qui peuvent rendre la prononciation plus fluide. Par exemple, lorsqu'un mot se termine par une consonne et que le mot suivant commence par une voyelle, une liaison peut être faite pour lier les deux mots ensemble. Cela permet d'éviter des pauses inutiles et donne à la langue une sonorité fluide.

Il existe également des lettres muettes en français qui ne sont pas prononcées, mais qui affectent la prononciation des mots qui les entourent. Par exemple, le "e" à la fin de certains mots est souvent silencieux, mais il peut changer le son de la consonne précédente. C'est pourquoi il est important de prêter attention à ces lettres muettes lors de la prononciation des mots.

Pour maîtriser toute cette complexité, il est essentiel de pratiquer régulièrement. Répétez des phrases et des mots après des locuteurs natifs, écoutez des enregistrements, regardez des vidéos et lisez à voix haute. Plus vous pratiquerez, plus votre prononciation s'améliorera.

En conclusion de ce chapitre sur les accents et la prononciation, nous avons exploré différents aspects de la prononciation en français, notamment les voyelles, les consonnes, les accents toniques, les liaisons et les lettres muettes. En comprenant ces éléments et en les mettant en pratique, vous serez en mesure de prononcer correctement les mots en français et de communiquer plus efficacement. Continuez à vous exercer et à explorer la magie de la langue française !

Merci de votre attention et à bientôt pour la suite de nos découvertes linguistiques passionnantes !

Chapitre 5 : Les règles de la ponctuation

Familiarisez-vous avec les règles de la ponctuation pour donner du sens et de la clarté à vos écrits.

La ponctuation est une composante essentielle de l'écriture. Elle permet de structurer les phrases, d'exprimer les nuances et de créer des pauses nécessaires à la compréhension du texte. En comprenant les règles de la ponctuation, vous serez en mesure de donner du sens et de la clarté à vos écrits.

Commençons par les points. Le point final est utilisé pour marquer la fin d'une phrase. Il est suivi d'une majuscule pour débuter la phrase suivante. Le point d'interrogation, quant à lui, est utilisé pour poser une question. Il ajoute une intonation interrogative à la phrase. Par exemple, "As-tu fini tes devoirs ?" Le point d'exclamation, lui, est utilisé pour exprimer une émotion forte, qu'elle soit positive ou négative. Il donne du dynamisme à la phrase. Par exemple, "Quelle belle journée !"

Les virgules sont également très importantes. Elles marquent des pauses et permettent de séparer les éléments d'une énumération. Par exemple, "J'aime les chiens, les chats et les oiseaux." Elles sont aussi utilisées pour séparer deux propositions indépendantes liées par une conjonction. Par exemple, "Il pleut dehors, mais nous sommes bien au chaud à l'intérieur."

Les deux points sont utilisés pour introduire une citation ou une explication. Ils permettent de marquer le début d'une liste ou d'une énumération. Par exemple, "Voici les ingrédients nécessaires : farine, sucre, beurre et œufs." Ils donnent une indication sur ce qui va suivre.

Le point-virgule est utilisé pour séparer des propositions liées mais indépendantes. C'est une alternative qui permet d'éviter les répétitions. Par exemple, "J'ai fini mes devoirs ; maintenant, je peux jouer."

Les guillemets sont utilisés pour encadrer une citation ou un dialogue. Ils permettent d'identifier les paroles de quelqu'un d'autre. Par exemple, "Le professeur a dit : 'Révisez bien avant l'examen.'"

Enfin, les parenthèses sont utilisées pour insérer une information supplémentaire ou une explication. Elles permettent de donner des détails sans perturber le sens principal de la phrase. Par exemple, "Le chat (qui est noir) dort souvent sur le canapé."

Maintenant que vous êtes familiers avec ces règles de ponctuation, il sera plus facile d'exprimer vos idées de manière claire et précise. Dans la deuxième partie de ce chapitre, nous explorerons les règles de ponctuation plus avancées. Vous découvrirez comment utiliser les points de suspension, les tirets et les guillemets dans vos écrits pour ajouter de l'émotion et créer du suspense. Soyez prêts à plonger dans les mystères de la ponctuation !

Suspendus dans l'attente de la suite passionnante, nous vous invitons à pratiquer et à appliquer ces règles de ponctuation dans vos propres écrits. Vous verrez à quel point elles peuvent transformer et enrichir votre style d'écriture. N'oubliez pas, chaque signe de ponctuation a son rôle et son impact sur le lecteur. Alors, à vous de jouer avec ces règles pour devenir des experts de la ponctuation et donner vie à vos mots !

Fin du premier demi-chapitre.Dans cette deuxième partie du chapitre sur les règles de la ponctuation, nous allons explorer des concepts plus avancés pour vous permettre d'affiner votre utilisation de la ponctuation et d'ajouter encore plus d'émotion et de suspense à vos écrits.

Poursuivons avec les points de suspension. Ces trois petits points sont utilisés pour indiquer une pause, une hésitation ou une omission. Ils créent du suspense et invitent le lecteur à imaginer la suite. Par exemple, "Il ouvrit la porte et découvrit... un mystérieux coffre au trésor."

Les tirets peuvent également être utilisés pour créer du suspense ou pour mettre l'accent sur une idée. En les utilisant, vous pouvez insérer une information supplémentaire au milieu d'une phrase. Par exemple, "Le chat noir – ce terrible prédateur – se déplaçait silencieusement dans la nuit."

Les guillemets, quant à eux, sont utilisés pour indiquer les paroles de quelqu'un ou pour mettre en évidence une citation. Ils permettent de donner de la voix à un personnage ou de rendre une phrase plus percutante. Par exemple, "Le capitaine s'écria : 'Tous à bord, le navire va bientôt partir !'"

Maintenant que vous maîtrisez ces règles avancées de la ponctuation, vous pouvez commencer à les utiliser avec confiance dans vos propres écrits. N'oubliez pas que chaque signe de ponctuation a son rôle et son impact sur le lecteur. Expérimentez et soyez créatifs pour donner vie à vos mots !

Mais avant de conclure ce chapitre, il est important de rappeler que la ponctuation ne peut pas tout résoudre. Une bonne écriture repose également sur une sélection judicieuse des mots, une structure de phrases claire et un bon choix de vocabulaire. La ponctuation est une composante essentielle, mais elle ne peut pas faire tout le travail à elle seule.

En conclusion, grâce à votre compréhension des règles de ponctuation, vous pouvez maintenant écrire de manière claire, précise et pleine d'émotion. Appliquez ces règles dans votre style d'écriture et voyez comment elles peuvent transformer et enrichir vos textes.

Nous espérons que ce chapitre sur les règles de la ponctuation vous a été utile et que vous continuerez à vous exercer dans l'utilisation de ces signes. Restez passionnés par la langue française et n'hésitez pas à explorer d'autres aspects de l'écriture et de la grammaire.

Merci de nous avoir accompagnés jusqu'à la fin de ce chapitre et à bientôt pour de nouvelles aventures linguistiques !

Chapitre 6: Les mots similaires et leurs différences

Découvrez les nuances et les différences entre les mots similaires en français pour éviter les confusions.

Dans notre quotidien, il n'est pas rare de rencontrer des mots qui se ressemblent mais qui ont des significations différentes. Ces subtilités de la langue française peuvent parfois prêter à confusion, surtout pour les enfants qui apprennent à maîtriser l'orthographe et la grammaire. C'est pourquoi, dans ce chapitre, nous allons explorer divers mots similaires et vous aider à les différencier avec facilité.

Commençons par le verbe "savoir" et le verbe "connaître". Bien qu'ils puissent sembler interchangeables, ils possèdent des nuances qui les distinguent. Le verbe "savoir" exprime la connaissance acquise par l'étude, l'apprentissage ou l'expérience. Par exemple, lorsque vous dites "Je sais nager", cela signifie que vous avez appris à nager et avez acquis cette compétence. En revanche, le verbe "connaître" est utilisé pour exprimer la familiarité ou la relation avec quelqu'un ou quelque chose. Par exemple, si vous dites "Je connais cette chanson", cela signifie que vous êtes familier avec cette chanson.

Poursuivons avec les mots "ce" et "se". Ces deux mots se prononcent de la même manière, mais ils ne sont pas utilisés de la même façon. Le mot "ce" est un pronom démonstratif utilisé pour montrer ou désigner quelque chose. Par exemple, si vous dites "Ce livre est intéressant", vous utilisez le mot "ce" pour montrer l'intérêt que vous portez à ce livre spécifique. D'autre part, le mot "se" est un pronom réfléchi utilisé pour indiquer une action effectuée par le sujet sur lui-même. Par exemple, si vous dites "Il se lave les mains", cela signifie que "il" est en train de se laver les mains.

Passons maintenant aux adverbes "trop" et "très". Bien qu'ils semblent similaires, ils expriment des degrés différents. L'adverbe "trop" exprime l'excès ou la quantité excessive de quelque chose. Par exemple, si vous dites "Il mange trop de bonbons", cela signifie qu'il mange une grande quantité de bonbons, plus que ce qui est recommandé. En revanche, l'adverbe "très" est utilisé pour exprimer une intensité élevée ou une qualité supérieure. Par exemple, si vous dites "Ce gâteau est très délicieux", cela indique que le gâteau a une grande qualité de goût.

Enfin, intéressons-nous aux mots "mais" et "mets". Bien qu'ils se ressemblent, ils ont des significations différentes. Le mot "mais" est une conjonction utilisée pour introduire une opposition ou une contradiction. Par exemple, si vous dites "J'aimerais manger une glace, mais je suis allergique au lactose", cela montre une opposition entre le désir de manger une glace et la contrainte due à l'allergie. D'autre part, le mot "mets" est la deuxième personne du singulier de l'impératif du verbe "mettre" et se réfère à la nourriture. Par exemple, si vous dites "Je vais préparer de délicieux mets pour le dîner", cela signifie que vous allez préparer de bons plats pour le repas.

Comme nous l'avons vu, la langue française regorge de mots similaires qui requièrent une attention particulière afin d'éviter les confusions. En comprenant les nuances et les différences entre ces mots, vous serez en mesure de communiquer avec précision et d'éviter les erreurs courantes. Souvenez-vous, la richesse de la langue française réside dans ses subtilités, alors continuons notre exploration dans la deuxième partie de ce chapitre, où nous découvrirons d'autres mots passionnants qui défieront notre compréhension linguistique.

Dans cette seconde partie du chapitre, nous allons continuer notre exploration des mots similaires en français et de leurs différences subtiles. En comprenant ces nuances, vous serez en mesure de vous exprimer avec précision et d'éviter les erreurs courantes.

Poursuivons avec les mots "être" et "avoir". Ces deux verbes sont fondamentaux en français, mais ils ont des utilisations différentes. Le verbe "être" est utilisé pour exprimer l'état ou la condition. Par exemple, si vous dites "Je suis fatigué", vous décrivez votre état de fatigue actuel.

En revanche, le verbe "avoir" est utilisé pour exprimer la possession ou l'obtention. Par exemple, si vous dites "J'ai un stylo", vous indiquez que vous possédez un stylo. Il est important de comprendre la distinction entre ces deux verbes pour former des phrases correctes en français.

Abordons maintenant les mots "depuis" et "pendant". Ces deux mots sont souvent utilisés pour parler de la durée, mais ils indiquent des moments différents. Le mot "depuis" est utilisé pour indiquer le point de départ d'une action continue. Par exemple, si vous dites "Je l'ai attendu depuis une heure", cela signifie que vous avez attendu pendant une heure à partir d'un certain moment. D'autre part, le mot "pendant" est utilisé pour indiquer la durée totale d'une action. Par exemple, si vous dites "J'ai étudié pendant trois heures", cela signifie que vous avez étudié pendant une période de trois heures.

Intéressons-nous maintenant aux mots "ceux" et "celles". Ces deux mots sont des pronoms démonstratifs utilisés pour montrer ou désigner des personnes ou des choses spécifiques. Le mot "ceux" est utilisé pour désigner des personnes ou des choses au masculin pluriel, tandis que le mot "celles" est utilisé pour désigner des personnes ou des choses au féminin pluriel. Par exemple, si vous dites "Je parle de ces livres, ceux-ci sont très intéressants", vous montrez que vous parlez de livres spécifiques qui sont intéressants. Si vous parlez de livres au féminin pluriel, vous utiliserez le mot "celles".

Continuons avec les mots "quel" et "quelle". Ces deux mots sont des adjectifs interrogatifs utilisés pour poser des questions sur le genre ou la nature d'une personne ou d'une chose. Le mot "quel" est utilisé pour la forme masculine singulier, tandis que le mot "quelle" est utilisé pour la forme féminine singulier. Par exemple, si vous demandez "Quel est ton plat préféré ?", vous demandez le plat préféré d'une personne en utilisant la forme masculine singulier. Si vous demandez "Quelle est ta couleur préférée ?", vous demandez la couleur préférée d'une personne en utilisant la forme féminine singulier.

En conclusion, en comprenant les différences entre les mots similaires en français, vous pourrez éviter les confusions et vous exprimer avec précision. Les subtilités de la langue française peuvent sembler délicates, mais en les maîtrisant, vous deviendrez imbattables en orthographe et en grammaire. N'oubliez pas que l'apprentissage de la langue française est un voyage passionnant et enrichissant. Continuez à explorer et à pratiquer ces nuances, cela vous permettra de devenir un expert en français.

Chapitre 7: Les figures de style

Explorez les différentes figures de style pour embellir votre discours et rendre vos écrits plus captivants.

Lorsque vous écrivez ou parlez, il est essentiel d'utiliser les bonnes techniques afin de transmettre vos idées de manière puissante et persuasive. Les figures de style sont des outils littéraires qui vous permettent de donner vie à vos mots, de capturer l'attention de vos lecteurs et de rendre votre discours plus mémorable. Dans ce chapitre, nous allons explorer quelques-unes des figures de style les plus courantes et vous montrer comment les utiliser avec brio.

La première figure de style que nous allons aborder est la métaphore. Elle consiste à comparer deux éléments qui n'ont a priori rien en commun, afin de créer une image vivante et frappante. Par exemple, au lieu de dire "il pleut beaucoup", vous pourriez dire "les nuages pleurent des larmes de pluie". Cette comparaison poétique rendra votre description plus évocatrice et intéressante pour vos lecteurs.

Ensuite, nous avons la figure de style de la personnification. Elle consiste à attribuer des caractéristiques humaines à des objets inanimés ou à des animaux. Par exemple, au lieu de dire "le vent souffle fort", vous pourriez dire "le vent furieux rugit dans les arbres". En faisant cela, vous rendez votre texte plus vivant et votre lecteur peut facilement s'imaginer la scène.

Une autre figure de style puissante est l'hyperbole. Elle consiste à exagérer volontairement pour créer un effet dramatique ou comique. Par exemple, au lieu de dire "j'ai très faim", vous pourriez dire "j'ai une faim dévorante, prête à dévorer tout sur mon passage". Cette exagération donne plus d'impact à votre propos et le rend plus mémorable pour votre public.

La quatrième figure de style que nous allons explorer est la répétition. Elle consiste à répéter des mots, des phrases ou des structures grammaticales pour créer un rythme ou une emphase. Par exemple, au lieu de dire "je suis fatigué et triste", vous pourriez dire "je suis fatigué, triste, épuisé, éreinté". Cette répétition permettra d'insister sur vos émotions et de transmettre plus intensément votre ressenti.

Enfin, nous aborderons la figure de style de la comparaison. Elle consiste à établir un parallèle entre deux éléments pour mieux expliquer ou illustrer une idée. Par exemple, au lieu de dire "il court vite", vous pourriez dire "il court plus vite qu'un guépard". Cette comparaison visuelle permettra à votre lecteur de mieux comprendre l'ampleur de la rapidité de la personne dont vous parlez.

Ces figures de style, parmi tant d'autres, sont des outils précieux pour rendre votre discours plus captivant et persuasif. En les maîtrisant, vous pourrez embellir votre écriture et rendre vos textes plus intéressants pour vos lecteurs. Dans la deuxième partie de ce chapitre, nous approfondirons davantage ces figures de style et explorerons de nouvelles techniques pour égayer votre discours. Restez donc à l'affût, car la suite de ce chapitre vous réserve bien des surprises...Dans la deuxième partie de ce chapitre, nous continuerons notre exploration des différentes figures de style qui peuvent embellir votre discours et rendre vos écrits plus captivants. Poursuivez votre lecture et découvrez de nouvelles techniques pour égayer votre expression !

La cinquième figure de style que nous aborderons est l'anaphore. Elle consiste à répéter un mot ou une expression en début de phrase pour créer un rythme entraînant. Par exemple, au lieu de dire "je suis heureux, je suis triste, je suis anxieux", vous pourriez dire "je suis, je suis, je suis..." Cette répétition donne une valeur d'insistance à votre propos et attire davantage l'attention de vos lecteurs.

Ensuite, explorons la figure de style de l'euphémisme. Elle consiste à atténuer une réalité délicate ou choquante en utilisant des formules polies ou plus douces. Par exemple, au lieu de dire "il est mort", vous pourriez dire "il nous a quittés" ou "il est parti rejoindre les étoiles". Cette douceur dans l'expression permet de rendre le sujet plus abordable et d'adoucir l'impact émotionnel.

La septième figure de style que nous allons aborder est l'ironie. Elle consiste à dire le contraire de ce que l'on pense réellement, dans le but de créer une pointe d'humour ou de souligner une contradiction. Par exemple, au lieu de dire "quelle belle journée ensoleillée !" lorsqu'il pleut à torrent, vous pourriez dire ironiquement "ah, quelle magnifique météo nous avons là !". Cette utilisation subtile de l'ironie apporte un ton humoristique à votre discours et peut faire sourire vos lecteurs.

La figure de style suivante est l'antithèse. Elle consiste à opposer deux idées ou deux mots pour créer un contraste saisissant. Par exemple, au lieu de dire "c'est un ami loyal", vous pourriez dire "c'est un ami loyal et traître à la fois". Cette opposition met en évidence la dualité du personnage et rend la description plus marquante.

Enfin, nous aborderons la figure de style de la litote. Elle consiste à atténuer volontairement une réalité en utilisant des termes minimalistes. Par exemple, au lieu de dire "il est très intelligent", vous pourriez dire "il n'est pas idiot". Cette sous-estimation intentionnelle permet de mettre en relief les qualités ou les compétences de la personne mentionnée et d'attirer l'attention sur son intelligence.

Ces figures de style, parmi tant d'autres, sont des outils précieux pour rendre votre discours plus captivant et persuasif. En les maîtrisant, vous serez en mesure de transmettre vos idées de manière plus vivante et de captiver l'attention de vos lecteurs.

Nous espérons que ce chapitre vous a permis de découvrir l'importance et la beauté des figures de style dans la langue française. En les utilisant habilement, vous serez en mesure de rendre vos écrits plus intéressants et de captiver votre public.

Continuez votre exploration de la langue française, apprenez les règles et les subtilités de l'orthographe, et vous deviendrez bientôt imbattables en la matière ! Le pouvoir des mots est entre vos mains, à vous de jouer !

Chapitre 8: Les mots de liaison

Apprenez à utiliser les mots de liaison pour structurer vos phrases et argumenter efficacement.

Dans notre aventure pour maîtriser la langue française, nous arrivons à présent à un chapitre passionnant : celui des mots de liaison. Ces petits mots magiques sont essentiels pour structurer nos phrases et exprimer nos idées de manière cohérente et persuasive. Que vous soyez enfant ou parent, les mots de liaison seront vos alliés pour enrichir votre expression écrite et orale.

Mais qu'est-ce qu'un mot de liaison exactement ? Eh bien, ce sont des mots ou des expressions qui créent des liens entre les différentes parties de notre discours. Ils nous aident à connecter nos idées, à exprimer des contrastes, à donner des exemples et à développer nos arguments. En d'autres termes, ils sont les fondations solides sur lesquelles repose une construction linguistique réussie.

Commençons par le plus courant de tous : "et". Ce mot de liaison simple et puissant, que vous connaissez déjà, relie deux éléments de la même importance. Par exemple, vous pourriez dire : "J'aime les chiens et les chats." Vous voyez, "et" permet de relier ces deux animaux que vous appréciez, sans en privilégier un par rapport à l'autre.

Maintenant, passons à un autre mot de liaison très utile : "mais". Il sert à exprimer une opposition ou un contraste entre deux idées. Par exemple : "J'adore jouer au football, mais je déteste courir." Vous voyez la différence ? Vous indiquez ici que vous aimez un aspect du sport, mais vous n'aimez pas nécessairement tout ce qui est lié à celui-ci.

Les mots de liaison peuvent également nous aider à expliquer, à donner des exemples, ou à énumérer. Par exemple, "par exemple" est une expression très utile lorsque vous voulez illustrer vos propos. "Les fruits, par exemple, sont délicieux et bons pour la santé." Vous avez ainsi donné un exemple pour soutenir votre argument.

En outre, si vous souhaitez énumérer plusieurs éléments, vous pouvez utiliser les mots de liaison tels que "d'abord", "ensuite" et "enfin". Par exemple, "D'abord, j'ai préparé le matériel. Ensuite, j'ai commencé à peindre. Enfin, j'ai signé mon chef-d'œuvre." Vous voyez comment ces mots de liaison nous aident à organiser nos idées de manière claire et logique ?

En utilisant judicieusement les mots de liaison, vous serez en mesure de structurer vos phrases de manière convaincante et persuasive. Vous pourrez renforcer votre argumentation, exprimer des contrastes, donner des exemples et organiser vos idées de manière logique. Les mots de liaison sont véritablement des outils magiques pour vous aider à devenir imbattables en orthographe et en expression écrite !

Maintenant que vous connaissez les bases des mots de liaison, vous pouvez commencer à les utiliser dans vos écrits quotidiens. Pratiquez-les régulièrement et observez comment ils améliorent la qualité et la clarté de votre expression. Vous serez surpris de voir à quel point quelques petits mots peuvent faire toute la différence !

Sur cette note intrigante, nous concluons la première moitié de ce chapitre consacré aux mots de liaison. Mais ne vous inquiétez pas, la suite vous réserve encore de belles surprises. Dans la seconde moitié, nous explorerons des mots de liaison plus avancés et apprendrons à les utiliser avec brio. Alors restez attentifs, chers lecteurs, car l'aventure linguistique ne fait que commencer...Maintenant que vous avez maîtrisé les bases des mots de liaison, explorons ensemble des mots plus avancés qui vous permettront d'approfondir vos compétences linguistiques.

Un mot de liaison essentiel à connaître est "donc". Ce mot est utilisé pour exprimer une conséquence logique ou une conclusion à partir des informations précédemment mentionnées. Par exemple, "J'ai étudié toute la nuit, donc je me sens prêt pour l'examen." Vous indiquez ici clairement que votre étude intensive a pour résultat votre préparation adéquate pour l'examen. L'utilisation de "donc" permet de renforcer votre argumentation en établissant une connexion logique entre les deux idées.

Un autre mot de liaison qui peut être très utile est "car". Ce mot est utilisé pour fournir une explication ou une justification à une action ou à une pensée. Par exemple, "Je mange des légumes tous les jours car ils sont bons pour ma santé." Vous expliquez ici la raison derrière votre choix de manger des légumes régulièrement. L'utilisation de "car" vous permet de renforcer votre argumentation en fournissant une justification claire.

Passons maintenant au mot de liaison "tout d'abord". Cette expression est utilisée pour introduire la première idée d'une série ou d'une liste. Par exemple, "Tout d'abord, je vais vous présenter les règles de grammaire de base. Ensuite, nous aborderons les temps verbaux." En utilisant "tout d'abord", vous aidez vos lecteurs à se préparer mentalement à la suite de votre discours et à suivre l'ordre de vos idées.

Un autre mot de liaison important est "néanmoins". Ce mot est utilisé pour introduire une idée qui contredit ou nuance une idée précédente. Par exemple, "J'aime les films d'action, néanmoins, je préfère les films d'aventure." Vous indiquez ici que malgré votre appréciation pour les films d'action, vos préférences se penchent davantage vers les films d'aventure. L'utilisation de "néanmoins" vous permet de créer une transition fluide entre deux idées apparemment contradictoires.

Enfin, pensons à utiliser les mots de liaison pour donner des conseils utiles. Par exemple, "Pour réussir en français, il est essentiel de pratiquer régulièrement. En outre, il est recommandé de lire des livres et de regarder des films en français." Vous voyez comment, en utilisant "pour réussir" et "en outre", vous donnez des conseils précieux pour améliorer les compétences en français. L'utilisation de ces mots de liaison renforce la pertinence et l'autorité de vos conseils.

En utilisant ces mots rè liaison avancés avec assurance et à bon escient, vous serez en mesure de renforcer et d'enrichir votre expression écrite et orale en français. Ils vous permettront d'exprimer des conclusions, des explications, des séries d'idées, des nuances et des conseils de manière persuasive et convaincante.

Continuez à pratiquer ces mots de liaison régulièrement, en les intégrant naturellement dans vos discussions et vos écrits. Vous serez étonné de voir comment ils amélioreront la clarté, la cohérence et l'impact de vos communications en français.

Nous sommes arrivés à la fin de ce chapitre consacré aux mots de liaison. J'espère que vous avez apprécié cette aventure linguistique et que vous vous sentez plus confiant dans votre utilisation des mots de liaison en français. Continuez à explorer la richesse de la langue française et à perfectionner vos compétences en orthographe et en expression écrite.

À bientôt pour de nouvelles découvertes linguistiques passionnantes dans notre prochain chapitre !

Chapitre 9: Les expressions idiomatiques

Plongez dans le monde des expressions idiomatiques françaises et enrichissez votre langage. Les expressions idiomatiques sont des phrases ou des expressions spécifiques à une langue donnée qui ne peuvent pas être traduites à la lettre dans une autre langue. Elles sont le reflet de la culture et de l'histoire d'un pays, et en apprendre quelques-unes peut vous aider à mieux comprendre et communiquer en français.

Les expressions idiomatiques sont présentes dans de nombreuses langues, mais en français, elles sont particulièrement vivantes et colorées. Elles apportent une touche d'originalité et d'authenticité à la langue, et peuvent parfois sembler un peu mystérieuses. C'est pourquoi nous vous invitons à plonger dans ce monde fascinant et à explorer quelques-unes des expressions les plus couramment utilisées en français.

Explorons d'abord l'expression « avoir le cafard ». Cette expression signifie se sentir triste ou déprimé. Mais pourquoi utiliser le mot « cafard » ? En réalité, cela vient du fait que les cafards peuvent se cacher dans de sombres recoins et sont souvent associés à la saleté. Donc, lorsque vous avez le cafard, cela signifie que vous vous sentez aussi sombre que la cachette d'un cafard. Intéressant, n'est-ce pas ?

Une autre expression idiomatique française que nous allons explorer est « avoir le cœur sur la main ». Cette expression signifie être généreux, prêt à aider les autres. Mais pourquoi le cœur et la main ? Eh bien, le cœur symbolise ici la générosité et l'empathie, tandis que la main représente l'action concrète d'aider. Ainsi, lorsque vous avez le cœur sur la main, vous êtes prêt à donner et à soutenir ceux qui en ont besoin.

Passons maintenant à une expression qui peut prêter à confusion pour les non-francophones : « ça ne casse pas trois pattes à un canard ». Cette expression est utilisée pour décrire quelque chose de banal, d'ordinaire et sans grande importance. Mais pourquoi un canard et ses pattes ? Cette expression est en réalité une métaphore qui fait référence à la nature des canards qui ont trois pattes. Puisque la plupart des animaux ont quatre pattes, cette expression souligne que quelque chose d'ordinaire ne peut pas être comparé à l'extraordinaire.

Les expressions idiomatiques françaises sont si nombreuses et variées qu'il serait impossible de toutes les explorer en un seul chapitre. Elles ajoutent de la richesse et de la nuance à la langue française, et en les apprenant, vous serez en mesure de mieux vous exprimer et de comprendre les Français natifs.

Dans la deuxième partie de ce chapitre, nous aborderons d'autres expressions idiomatiques fascinantes et nous vous donnerons des conseils pour les utiliser correctement dans vos conversations quotidiennes. Attendez-vous à être surpris par la beauté et l'originalité de ces expressions. Alors préparez-vous à explorer un véritable trésor linguistique dans la suite de ce chapitre captivant.

(End of the first half of the chapter)En explorant les expressions idiomatiques françaises, vous avez déjà amélioré votre compréhension et vos compétences en communication. Mais ce n'est que le début ! Dans cette deuxième partie du chapitre sur les expressions idiomatiques, nous allons continuer notre voyage fascinant à travers la richesse de la langue française.

Poursuivons notre exploration avec une expression bien connue : "tomber dans les pommes". Cette expression signifie s'évanouir ou perdre connaissance. Mais pourquoi les pommes ? Cela remonte en réalité au 19e siècle, époque où l'on croyait que les pommes étaient responsables des maux de tête et des pertes de connaissance. Ainsi, lorsque quelqu'un tombe dans les pommes, cela signifie qu'il est momentanément hors d'état de réagir.

Passons maintenant à une autre expression intrigante : "se mettre la rate au court-bouillon". Cette expression est utilisée pour décrire une grande inquiétude ou une peur intense. Mais pourquoi parler de la rate et du court-bouillon ? En réalité, cette expression date du 19e siècle, époque où l'on pensait que la rate était le siège des émotions et du désir. Quant au court-bouillon, c'est un potage dans lequel on fait cuire longuement des légumes. Ainsi, se mettre la rate au court-bouillon signifie que l'on se fait du souci au point de bouillonner intérieurement.

Explorons maintenant une expression plutôt amusante : "pleuvoir des cordes". Cette expression est utilisée pour décrire une pluie très intense. Mais pourquoi des cordes ? L'origine exacte de cette expression reste incertaine, mais une théorie suggère qu'elle fait référence à la pluie qui tombe si drue qu'elle ressemble à des cordes suspendues dans le ciel. Alors, la prochaine fois qu'il pleut à verse, souvenez-vous de cette expression et dites qu'il pleut des cordes !

Continuons notre découverte avec l'expression "être une poule mouillée". Cette expression est utilisée pour décrire quelqu'un de peureux ou qui manque de courage. Mais pourquoi une poule mouillée ? L'origine de cette expression reste floue, mais certaines personnes pensent qu'elle vient du fait que les poules, lorsqu'elles sont mouillées, semblent encore plus frileuses et craintives. Ainsi, être une poule mouillée signifie ne pas être capable de faire preuve de courage dans une situation donnée.

Les expressions idiomatiques françaises sont aussi variées que fascinantes. Elles sont le reflet de la culture, de l'histoire et de la créativité des Français. En les apprenant, vous enrichissez non seulement votre vocabulaire, mais vous plongez également dans l'univers coloré de la langue française.

En concluant ce chapitre, rappelez-vous de toutes les expressions idiomatiques que vous avez découvertes. Continuez à les utiliser et à les explorer dans vos conversations quotidiennes. Elles vous permettront de vous exprimer de manière plus authentique et de mieux comprendre les nuances de la langue française.

Nous espérons que ce voyage à travers les expressions idiomatiques françaises vous a captivé et enrichi. Dans les prochains chapitres, nous continuerons à explorer d'autres aspects fascinants de la langue française. Attendez-vous à de nouvelles découvertes et à des surprises linguistiques ! Jusqu'à la prochaine aventure, continuez d'apprendre et de vous amuser avec le français.

Dans la deuxième partie de ce chapitre, nous avons exploré certaines expressions idiomatiques françaises surprenantes et amusantes. En les comprenant, vous enrichissez votre langage et votre compréhension de la culture française.

Nous espérons que cette exploration dans le monde des expressions idiomatiques françaises vous a captivé et vous a aidé à améliorer vos compétences en français. Dans les prochains chapitres, nous continuerons à vous guider à travers les subtilités de cette belle langue.

N'oubliez pas d'utiliser ces expressions idiomatiques dans vos conversations quotidiennes pour montrer votre maîtrise du français et votre compréhension de sa culture. Plus vous les utilisez, plus vous deviendrez confiant et compétent en français.

Merci de nous avoir accompagnés dans cette aventure. Continuez à explorer le français et à développer vos compétences linguistiques. À bientôt pour de nouvelles découvertes linguistiques passionnantes !

Chapitre 10: Les règles de l'écriture créative

Développez vos compétences en écriture créative en explorant les règles spécifiques à ce genre.

L'écriture créative est un moyen merveilleux de laisser libre cours à son imagination et de raconter des histoires captivantes. Que vous soyez fan de romans fantastiques, d'aventures palpitantes ou d'histoires humoristiques, l'écriture créative vous permet de laisser votre esprit vagabonder et de donner vie à des mondes imaginaires.

Cependant, l'écriture créative ne se résume pas seulement à laisser libre cours à son imagination. Il existe des règles spécifiques qui peuvent vous aider à améliorer votre écriture et à captiver vos lecteurs. Dans cette première moitié du chapitre, nous allons explorer certaines de ces règles et vous donner des conseils pratiques pour les appliquer dans vos propres récits.

Premièrement, il est essentiel de bien connaître vos personnages. Qu'ils soient des héros courageux, des méchants diaboliques ou de simples amis, vos personnages doivent être bien développés et intéressants. Pensez à leur personnalité, leurs motivations et leurs conflits internes. Plus vous connaîtrez vos personnages, plus il sera facile pour vous de les rendre réalistes et attachants pour vos lecteurs.

Ensuite, la structure de votre histoire est primordiale. Créez un début intrigant qui attire l'attention du lecteur, suivi d'un développement qui maintient l'intérêt et enfin, une conclusion satisfaisante. Vous pouvez également créer des rebondissements inattendus pour garder les lecteurs en haleine et leur donner envie de tourner les pages.

Le choix des mots est également crucial en écriture créative. Utilisez un vocabulaire varié et précis pour créer des images vivantes dans l'esprit de vos lecteurs. Essayez d'éviter les clichés et les expressions trop familières. L'originalité de votre langage fera toute la différence et rendra votre histoire unique.

Une autre règle importante est de bien maîtriser la ponctuation. Les signes de ponctuation, comme les points, les virgules et les points d'exclamation, donnent du rythme et de la clarté à votre texte. Utilisez-les judicieusement pour mettre en valeur vos idées et donner à vos lecteurs des indications sur la façon de lire votre histoire.

Enfin, n'oubliez pas l'importance de la révision et de la correction. Relisez attentivement votre texte pour vérifier l'orthographe, la grammaire et la cohérence de votre histoire. Vous pouvez également demander à quelqu'un d'autre de lire votre histoire et de vous donner des commentaires constructifs.

En somme, l'écriture créative est un art qui demande de la pratique et de la maîtrise. En suivant ces règles, vous serez en mesure de développer vos compétences et d'écrire des histoires captivantes qui transporteront vos lecteurs dans des mondes fantastiques. Alors, armés de votre imagination et de votre passion, plongez dans l'écriture créative et laissez-vous emporter par les possibilités infinies qu'elle offre.

Dans la deuxième moitié de ce chapitre, nous allons continuer à explorer les règles essentielles de l'écriture créative afin d'améliorer vos compétences et de captiver vos lecteurs. Préparez-vous à plonger encore plus profondément dans le monde merveilleux de la création littéraire !

Un aspect crucial de l'écriture créative est la capacité à créer un cadre convaincant pour vos histoires. Que ce soit un royaume fantastique, une galaxie lointaine ou un mystérieux manoir, la description de l'environnement dans lequel se déroule votre récit est essentielle pour immerger vos lecteurs. Utilisez des mots évocateurs, des phrases descriptives et des détails sensoriels pour transporter vos lecteurs dans cet univers imaginaire.

De plus, la construction de dialogues authentiques est également un élément clé de la narration. Les dialogues permettent aux personnages de prendre vie et d'interagir entre eux. Veillez à ce que chaque personnage ait sa propre voix et utilisez des marques de ponctuation appropriées pour clarifier qui parle. Les dialogues doivent être dynamiques, refléter la personnalité des personnages et faire avancer l'intrigue de manière significative.

Outre les aspects techniques de l'écriture créative, il est également important d'explorer la créativité de manière ludique. Laissez votre imagination vagabonder, osez l'originalité et créez des histoires uniques qui captiveront l'attention des lecteurs. N'ayez pas peur de prendre des risques et d'expérimenter de nouvelles idées, car c'est ainsi que naissent les chefs-d'œuvre littéraires.

Le rythme de votre histoire est également un élément essentiel à considérer. Alternez les moments de tension et de détente, utilisez des paragraphes courts et des phrases rythmées pour maintenir l'intérêt de vos lecteurs. Le rythme peut être utilisé pour créer du suspense, susciter des émotions et garder les lecteurs accrochés jusqu'à la dernière page de votre récit captivant.

Un autre conseil important pour améliorer votre écriture créative est de lire régulièrement. Explorez différents genres, auteurs et styles d'écriture. La lecture vous aidera à développer votre vocabulaire, à découvrir de nouvelles idées et à améliorer votre sens de la narration. N'oubliez pas de prendre des notes sur ce que vous aimez dans les livres que vous lisez, ainsi que sur les techniques d'écriture qui vous captivent. Vous pourrez ainsi vous en inspirer pour vos propres histoires.

Enfin, ne sous-estimez pas le pouvoir de la révision et de la correction. Après avoir écrit votre histoire, prenez le temps de la relire attentivement. Vérifiez l'orthographe, la grammaire et la cohérence de votre récit. Apportez les modifications nécessaires pour rendre votre écriture claire, précise et agréable à lire. Les lecteurs apprécieront votre attention aux détails et votre désir de leur offrir une expérience de lecture fluide.

Voilà, nous avons maintenant exploré les règles spécifiques à l'écriture créative et vous avez tous les outils nécessaires pour développer vos compétences et écrire des histoires captivantes. N'oubliez pas que la créativité est un voyage sans fin, alors continuez à pratiquer, à expérimenter et à laisser libre cours à votre imagination. Avec de la passion et de l'engagement, vous deviendrez des écrivains brillants et vos histoires inspireront des générations de lecteurs.

Maintenant, à vos stylos et laissez l'aventure de l'écriture créative commencer !

Chapitre 11 : Les homonymes et les paronymes

Apprenez à distinguer les homonymes et les paronymes pour éviter les confusions et les erreurs.

Dans notre merveilleux voyage à travers les règles du français, nous avons déjà découvert de nombreuses astuces pour améliorer notre orthographe. Aujourd'hui, nous abordons un sujet particulièrement fascinant : les homonymes et les paronymes.

Les homonymes et les paronymes sont des mots qui se ressemblent, mais qui ont des significations différentes. Imaginez-vous en train de discuter avec un ami et soudain, vous prononcez un mot qui a plusieurs sens. Votre ami aura-t-il compris ce que vous vouliez dire ? Pas forcément ! C'est pourquoi il est crucial de comprendre comment distinguer les homonymes et les paronymes.

Les homonymes sont des mots qui se prononcent ou s'écrivent de la même façon, mais qui ont des sens différents. Par exemple, le mot "verre" peut désigner le récipient dans lequel nous buvons, mais il peut également se référer à l'élément transparent utilisé pour les fenêtres. De même, le mot "pied" représente notre membre inférieur, mais il peut également signifier une unité de mesure.

Il est important de faire attention à l'orthographe et au contexte pour comprendre la signification exacte d'un mot homonyme. Si vous doutez, n'hésitez pas à chercher dans un dictionnaire. Cela vous aidera à éviter les malentendus et à utiliser les mots correctement.

Maintenant, passons aux paronymes. Les paronymes sont des mots qui se ressemblent beaucoup, tant dans leur prononciation que dans leur écriture. Cependant, contrairement aux homonymes, les paronymes ont des sens similaires, voire même proches. Par exemple, les termes "accepter" et "acquiescer" ont des significations semblables, mais ils ne sont pas tout à fait identiques.

L'utilisation appropriée des paronymes est cruciale pour exprimer vos idées de manière précise. Il est nécessaire de comprendre leurs nuances subtiles pour pouvoir les utiliser correctement. Par exemple, si vous voulez exprimer votre accord avec une proposition, il est plus approprié d'utiliser le mot "acquiescer" plutôt que "accepter", car cela souligne votre approbation plutôt que votre simple acceptation.

En tant que lecteurs et écrivains habiles, il est de notre responsabilité de maîtriser l'usage des homonymes et des paronymes. En les utilisant avec précision, nous évitons les malentendus et montrons notre commandement de la langue française.

Mais comment pouvons-nous y parvenir ? Eh bien, ne vous inquiétez pas, nous avons prévu cette seconde partie du chapitre pour vous guider pas à pas dans l'exploration des homonymes et des paronymes. Vous découvrirez comment les repérer, comment les utiliser correctement dans vos écrits et comment éviter les erreurs courantes.

Excitant, n'est-ce pas ? Alors, restez à l'écoute pour la suite de ce chapitre passionnant. Vous serez bientôt en mesure de distinguer facilement les homonymes des paronymes, et vous deviendrez imbattables en orthographe !

Maintenant que nous avons une bonne compréhension des homonymes et des paronymes, il est temps d'explorer les différentes astuces et techniques pour les distinguer et les utiliser correctement. Dans cette seconde partie du chapitre, nous allons nous plonger dans les concepts avancés des homonymes et des paronymes.

Tout d'abord, il est essentiel de prêter attention aux nuances de sens entre les homonymes. Par exemple, le mot "filet" peut faire référence à un morceau de tissu utilisé dans la couture ou à un outil de pêche. Comment pouvons-nous nous assurer d'utiliser le bon sens dans le bon contexte ? Une astuce consiste à lire attentivement la phrase et à réfléchir au message que nous voulons transmettre. Pensez à la signification qui convient le mieux à votre intention et assurez-vous que le mot choisi correspond bien à cette intention.

De plus, un bon dictionnaire peut être votre meilleur allié pour différencier les homonymes ayant des sens similaires. Lorsque vous êtes confronté à un mot dont vous n'êtes pas sûr de la signification précise, n'hésitez pas à le chercher dans un dictionnaire. Vous y trouverez des définitions claires et des exemples d'utilisation qui vous aideront à mieux comprendre et à choisir le bon mot.

Passons maintenant aux paronymes. Comme nous l'avons déjà mentionné, les paronymes sont des mots qui se ressemblent beaucoup, tant dans leur prononciation que dans leur écriture. Il est donc essentiel de faire preuve de vigilance lors de leur utilisation.

Pour distinguer les paronymes, il est important de prêter attention aux subtiles différences de sens qu'ils peuvent avoir. Par exemple, les mots "facteur" et "factrice" semblent très similaires, mais leur utilisation n'est pas interchangeable. "Facteur" désigne une personne qui livre le courrier, tandis que "factrice" se réfère spécifiquement à une femme qui exerce cette profession. En comprenant ces nuances subtiles, nous pouvons utiliser les paronymes avec précision et éviter les erreurs d'interprétation.

Une autre astuce pour utiliser correctement les paronymes est de les placer dans leur contexte approprié. Lorsque vous écrivez ou parlez, assurez-vous que le mot choisi s'intègre naturellement dans la phrase et que sa signification s'accorde avec le reste du texte. Si vous avez des doutes, n'hésitez pas à demander à quelqu'un de vous relire ou à utiliser des outils de grammaire et de correction d'orthographe qui peuvent vous aider dans votre apprentissage.

Enfin, il n'est pas rare de commettre des erreurs courantes lorsque l'on utilise les homonymes et les paronymes. Par exemple, on peut confondre les mots "sombre" et "ombre". Dans ce cas, il est important de se rappeler que "sombre" est un adjectif qui signifie sombre ou sans lumière, tandis que "ombre" est un nom qui désigne l'absence de lumière causée par un objet. En évitant ces erreurs courantes, vous démontrerez une maîtrise impressionnante de la langue française.

Alors, chers enfants et chers parents, j'espère que cette seconde partie du chapitre vous a donné les outils nécessaires pour distinguer les homonymes des paronymes et les utiliser correctement. En comprendre les subtilités et les utiliser précisément dans votre expression écrite et orale vous permettra de communiquer de manière claire et précise. Continuez à pratiquer et à explorer la richesse de la langue française. Bonne chance dans votre quête de l'impeccable orthographe !

Chapitre 12: Les règles de l'accord des adjectifs

Maîtrisez les règles de l'accord des adjectifs en genre et en nombre pour une langue fluide.

Les adjectifs sont des mots qui nous permettent de décrire et de préciser les caractéristiques des personnes, des objets ou des situations. Ils jouent un rôle essentiel dans notre communication quotidienne, en nous permettant d'exprimer des nuances et de donner vie à nos idées. Cependant, pour que notre langage soit vraiment fluide et impeccable, il est crucial de maîtriser les règles de l'accord des adjectifs en genre et en nombre.

L'accord en genre concerne la concordance entre l'adjectif et le nom auquel il se rapporte. En français, nous avons deux genres : masculin et féminin. Pour accorder un adjectif au genre d'un nom, nous devons ajouter un "e" à la forme masculine si le nom est féminin. Par exemple, si nous avons le nom "chat" (masculin) et que nous voulons le qualifier par un adjectif comme "mignon," nous devons le modifier en "mignonne" si le chat en question est une chatte (féminin).

Il est également important de prendre en compte l'accord en nombre, c'est-à-dire la concordance entre l'adjectif et le nombre du nom. En français, nous avons deux nombres principaux : singulier et pluriel. Pour accorder un adjectif au nombre d'un nom, nous devons ajouter un "s" à la forme masculine si le nom est au pluriel. Par exemple, si nous avons le nom "chien" (masculin) et que nous utilisons l'adjectif "petit" pour qualifier plusieurs chiens, nous devons le modifier en "petits."

Le défi réside parfois dans la conjugaison complexe des adjectifs qui varient en genre et en nombre en fonction du nom auquel ils se rapportent. Par exemple, si nous souhaitons décrire une grande maison (féminin singulier), nous utilisons "grande." Cependant, si nous parlons de plusieurs grandes maisons (féminin pluriel), nous devons les qualifier avec "grandes". Cette subtilité grammaticale peut parfois sembler déroutante, mais en la comprenant et en la pratiquant régulièrement, nous pouvons l'intégrer naturellement à notre façon de communiquer.

Pour maîtriser pleinement les règles de l'accord des adjectifs en genre et en nombre, il est essentiel de s'entraîner régulièrement et de lire des textes dans lesquels ces règles sont appliquées correctement. En développant notre sens de la langue et en familiarisant notre esprit avec ces structures grammaticales, nous serons en mesure de produire un français fluide et sans erreurs.

Dans la deuxième moitié de ce chapitre, nous explorerons des exemples concrets et des exercices pratiques pour renforcer notre compréhension de l'accord des adjectifs. Nous découvrirons des astuces et des points à retenir pour éviter les pièges courants et améliorer notre précision linguistique. Rejoignez-nous dans la suite de ce chapitre pour percer les mystères de l'accord des adjectifs et devenir de véritables experts en français !

(Note de l'auteur: La suite passionnante de ce chapitre vous sera révélée ultérieurement. Ne manquez pas la deuxième partie qui vous réserve de nombreuses surprises !)Dans cette deuxième partie du chapitre, nous allons explorer des exemples concrets et des exercices pratiques pour renforcer notre compréhension de l'accord des adjectifs. En acquérant une maîtrise solide de ces règles, nous serons plus à l'aise pour exprimer nos idées avec précision et fluidité en français.

L'un des aspects importants de l'accord des adjectifs est la règle des adjectifs de couleur. En français, les adjectifs de couleur s'accordent en genre et en nombre avec le nom qu'ils qualifient. Par exemple, si nous voulons décrire une voiture rouge (féminin singulier), nous devons utiliser "rouge". Mais si nous parlons de plusieurs voitures rouges (féminin pluriel), nous devons utiliser "rouges".

Il est également crucial de savoir accorder les adjectifs lorsqu'ils sont utilisés avec des noms qui commencent par une voyelle ou un "h" muet. Dans ces cas, nous devons utiliser la forme "mon" ou "ton" au lieu de "ma" ou "ta" pour éviter les hiatus. Par exemple, au lieu de dire "ma amie" (féminin singulier), nous devons dire "mon amie". De même, au lieu de dire "ma heure" (féminin singulier), nous dirons "mon heure".

Une règle importante à retenir concerne l'accord des adjectifs lorsque le nom qu'ils qualifient est précédé d'un article indéfini. En français, les adjectifs s'accordent en genre et en nombre avec le nom, mais seulement lorsque l'article est au féminin singulier. Par exemple, si nous parlons d'un chien gentil (masculin singulier), nous dirions "un chien gentil". Mais si nous parlons d'une chatte gentille (féminin singulier), nous dirions "une chatte gentille".

L'accord des adjectifs peut parfois être plus complexe lorsque le nom qu'ils qualifient est au pluriel. Dans ce cas, la forme masculine pluralise en "s" mais reste invariable en genre. Par exemple, si nous parlons de chiens mignons (masculin pluriel), nous dirions "des chiens mignons". Mais si nous parlons de chattes mignonnes (féminin pluriel), nous dirions également "des chattes mignonnes".

Pour s'entraîner à l'accord des adjectifs, rien de mieux que des exercices pratiques. Essayons de compléter les phrases suivantes en choisissant le bon adjectif pour accorder avec le nom :

1. J'ai une ___________ maison. (grande)
2. Nous avons des ___________ voitures. (rouge)
3. Elle a une ___________ robe. (joli)
4. Ils ont des ___________ stylos. (bleu)
5. Tu as une ___________ idée. (bon)

En pratiquant régulièrement ces exercices, nous renforcerons nos compétences en matière d'accord des adjectifs et nous serons capables de communiquer en français dè manière fluide et précise.

En conclusion, maîtriser l'accord des adjectifs en genre et en nombre est essentiel pour une communication efficace en français. En pratiquant régulièrement et en étudiant des exemples concrets, nous pouvons intégrer ces règles grammaticales naturellement et devenir de véritables experts de la langue française.

Ne manquez pas la prochaine partie de ce chapitre passionnant où nous explorerons d'autres subtilités de l'accord des adjectifs et continuerons notre apprentissage pour devenir imbattables en orthographe et en grammaire française !

Chapitre 13: Les subtilités des genres grammaticaux

Explorez les subtilités des genres grammaticaux en français et apprenez à les utiliser correctement.

Les genres grammaticaux, aussi connus sous le nom de genres des mots, sont essentiels pour comprendre la structure de la langue française. Ils permettent de classer les mots selon leur genre, c'est-à-dire s'ils sont masculins ou féminins. Alors, que sont ces subtilités qui se cachent derrière les genres grammaticaux ? Découvrons-les ensemble !

Tout d'abord, il est important de noter que la notion de genre grammatical ne correspond pas toujours au sexe biologique des objets ou des êtres vivants. En français, certains mots masculins peuvent désigner des éléments féminins et vice-versa. Par exemple, on dit "une clé" (féminin) et "un couteau" (masculin).

Une des subtilités des genres grammaticaux réside dans les exceptions. En effet, il existe certains mots qui ne suivent pas les règles générales. Par exemple, le mot "oiseau" est masculin, bien qu'il se réfère en général à des êtres vivants de sexe féminin. Ces exceptions sont souvent le fruit d'une longue évolution de la langue, et il est nécessaire de les connaître pour parler français de manière impeccable.

Ensuite, certaines règles permettent de deviner le genre d'un mot. Par exemple, les mots se terminant par "-tion" sont généralement féminins, tels que "l'action" ou "la nation". De même, les mots se terminant par "-age" sont aussi souvent masculins, comme "le paysage" ou "le village". Ces règles peuvent être utiles pour apprendre rapidement le genre des mots.

Le genre grammatical est également important pour accorder correctement les adjectifs. En français, les adjectifs s'accordent en genre avec les noms auxquels ils se rapportent. Par exemple, si nous avons un nom masculin singulier comme "chien", l'adjectif qui le qualifie doit être au masculin singulier : "un chien gentil". Si le nom est au féminin singulier, l'adjectif doit s'accorder en conséquence : "une fille gentille". Cela permet d'harmoniser les accords dans une phrase.

Les genres grammaticaux peuvent présenter des difficultés, même pour les locuteurs natifs du français. Il arrive parfois que l'on utilise le mauvais genre pour un mot, ce qui peut être source de confusion. Cependant, ne vous inquiétez pas ! Utilisez ces erreurs comme des opportunités d'apprentissage.

En conclusion, les subtilités des genres grammaticaux en français peuvent sembler complexes, mais en les explorant et en les pratiquant, vous deviendrez de véritables experts de la langue. N'oubliez pas de consulter régulièrement un dictionnaire pour vérifier le genre des mots et de lire des textes en français afin de vous habituer à ces subtilités. Dans la seconde partie de ce chapitre, nous approfondirons les exceptions et les cas particuliers des genres grammaticaux. Restez curieux, car ce n'est que le début d'une aventure passionnante dans le monde de la langue française !Dans cette seconde partie du chapitre sur les subtilités des genres grammaticaux, nous allons plonger encore plus profondément dans les exceptions et les cas particuliers de la langue française. Comme nous l'avons vu précédemment, il existe des mots qui ne suivent pas les règles générales du genre grammatical, ce qui peut parfois être déconcertant. Cependant, ne vous découragez pas, car chaque exception est une opportunité d'apprendre et de s'améliorer.

Tout d'abord, abordons la question des noms épicènes. Les noms épicènes sont des mots dont le genre grammatical est le même, qu'ils se réfèrent à des êtres de sexe masculin ou féminin. Par exemple, le mot "personne" est toujours féminin, que l'on parle d'une femme ou d'un homme. De même, les mots "enfant" et "adulte" sont également épicènes. Il est important de noter que pour ces mots, l'accord avec les adjectifs se fait au masculin singulier. Ainsi, on dira "un adulte poli" et "une personne généreuse".

Ensuite, parlons des mots qui changent de genre selon leur sens. Ces mots sont appelés des homonymes grammaticaux. Par exemple, le mot "le livre" est masculin lorsqu'il fait référence à un objet, mais devient féminin lorsqu'il désigne un ensemble de textes imprimés, comme dans l'expression "la littérature". Il en va de même pour "le mémoire" qui se réfère à un document écrit, mais devient féminin lorsqu'il désigne la capacité de se souvenir.

En plus des exceptions, il existe des cas où le genre des mots varie selon la région francophone. Par exemple, le mot pour désigner un avocat peut être "un avocat" au masculin en France, mais "une avocate" au féminin au Québec. Ces variations régionales peuvent parfois prêter à confusion, mais elles font partie de la richesse de la langue française.

Enfin, abordons les cas où il est nécessaire de faire des accords particuliers avec les adjectifs. Par exemple, lorsque le nom est précédé d'un article partitif comme "un peu de" ou "beaucoup de", l'adjectif qui suit reste au masculin singulier. Ainsi, on dira "un peu de café chaud" et "beaucoup de pain frais".

Il est également important de noter que les noms de pays ont des genres grammaticaux spécifiques. La plupart des noms de pays sont masculins, comme "le Canada" ou "le Brésil", mais certains d'entre eux sont féminins, comme "la France" ou "la Chine". Ces règles peuvent sembler complexes, mais avec de la pratique et de l'exposition à la langue française, elles deviendront naturelles pour vous.

En conclusion, nous avons exploré les subtilités des genres grammaticaux en français, en mettant l'accent sur les exceptions et les cas particuliers. Rappelez-vous qu'apprendre ces subtilités peut sembler complexe, mais c'est une étape essentielle pour maîtriser la langue française. Continuez votre parcours d'apprentissage en consultant régulièrement un dictionnaire, en lisant des textes en français et en pratiquant l'accord des adjectifs. Grâce à ces efforts, vous deviendrez de véritables experts en orthographe et en grammaire française.

N'oubliez pas que chaque erreur est une opportunité d'apprentissage, et restez curieux car le français regorge de surprises et de découvertes passionnantes. Bonne continuation dans votre aventure linguistique !

Chapitre 14: Les règles de la négation

Découvrez les règles de la négation en français pour exprimer la négativité de manière précise.

La langue française est riche et complexe, avec de nombreuses règles grammaticales. Dans ce chapitre, nous allons explorer les règles de la négation en français, qui permettent d'exprimer la négativité d'une manière précise. C'est un concept essentiel à maîtriser pour devenir imbattable en orthographe et en grammaire française.

Pour commencer, il est important de comprendre que la négation en français s'exprime principalement à l'aide de deux mots : "ne" et "pas". Ces deux mots sont souvent utilisés ensemble pour former une négation complète. Par exemple, "Je ne veux pas aller à l'école" signifie que je ne souhaite pas aller à l'école.

Cependant, il existe d'autres mots de négation que vous pouvez utiliser pour exprimer des nuances différentes. Par exemple, si vous voulez dire que vous ne voulez pas du tout aller à l'école, vous pouvez utiliser le mot "pas du tout" : "Je ne veux pas du tout aller à l'école". Cela ajoute une intensité à la négation et permet d'exprimer votre sentiment plus clairement.

De plus, la négation en français peut également s'exprimer à l'aide de mots tels que "jamais", "rien", "personne" et "plus". Par exemple, "Je ne mange jamais de viande" indique que vous ne mangez jamais de viande. De même, "Je ne connais personne ici" signifie que vous ne connaissez personne dans cet endroit spécifique.

Il est essentiel de maîtriser ces différents mots de négation afin de pouvoir exprimer vos idées correctement en français. Cela vous permettra d'éviter les erreurs courantes et de vous exprimer de manière précise.

Maintenant que vous avez une meilleure compréhension des règles de la négation en français, nous allons passer à des exercices pratiques pour vous aider à les appliquer. Ces exercices vous permettront de consolider vos nouvelles connaissances et de renforcer votre maîtrise de la négation en français.

Dans la deuxième partie de ce chapitre, nous explorerons des exemples plus complexes de la négation en français et nous vous donnerons des astuces pour éviter les pièges courants. Vous aurez l'opportunité d'approfondir vos compétences en matière de négation et de devenir encore plus fort en orthographe et en grammaire française.

Alors, préparez-vous à plonger dans le monde fascinant de la négation en français et à découvrir de nouvelles règles qui vous aideront à vous exprimer avec précision. La maîtrise de cette technique linguistique est un outil puissant qui ouvrira de nombreuses portes dans votre parcours d'apprentissage du français. Restez attentif et attendez-vous à être surpris par la deuxième partie de ce chapitre, où nous irons encore plus loin dans l'exploration des règles de la négation.Maintenant que nous avons passé en revue les bases des règles de la négation en français, nous allons nous plonger dans des exemples plus complexes pour affiner votre maîtrise de cette technique linguistique. Préparez-vous à découvrir de nouvelles règles qui vous permettront de vous exprimer avec précision !

Dans la deuxième partie de ce chapitre, nous allons explorer différentes formes de négation en français et vous donner des astuces pour éviter les pièges courants. Tout d'abord, il est important de comprendre le rôle de certains mots dans l'expression de la négation.

Un autre mot de négation couramment utilisé en français est "plus". Ce mot signifie "ne...plus" et exprime le fait que quelque chose n'est plus vrai ou ne se produit plus. Par exemple, "Je ne joue plus au football" indique que je ne pratique plus ce sport. "Il ne chante plus" signifie qu'il ne chante plus comme il le faisait auparavant. Il est essentiel de bien utiliser ce mot pour exprimer votre idée de manière précise.

Il existe également des mots de négation tels que "personne" qui signifie "ne...personne" et indique qu'il n'y a personne. Par exemple, "Je ne vois personne dans la rue" signifie que je ne vois aucune personne dans la rue. "Il n'y a personne à la fête" indique qu'il n'y a personne présente lors de l'événement. Ce type de négation est essentiel lorsque vous souhaitez exprimer l'absence totale de quelque chose ou de quelqu'un.

Un autre mot de négation important en français est "rien" qui signifie "ne...rien". Ce mot exprime l'idée qu'il n'y a rien. Par exemple, "Je ne veux rien manger" indique que je ne souhaite rien manger du tout. "Il ne comprend rien" signifie qu'il ne comprend absolument rien. C'est un mot clé pour exprimer le vide ou l'absence totale de quelque chose.

En outre, il est important de connaître l'utilisation de la double négation en français. Contrairement à l'anglais, où la double négation est généralement incorrecte, en français, l'utilisation de deux mots négatifs dans une phrase renforce la négation. Par exemple, "Je ne parle à personne" signifie que je ne parle à personne du tout.

Maintenant que vous avez une meilleure compréhension des différentes formes de négation en français, il est temps de mettre vos connaissances en pratique avec quelques exercices. Ces exercices vous permettront de consolider vos nouvelles compétences et de renforcer votre maîtrise de la négation en français.

Je vais vous donner quelques phrases à transformer en phrases négatives. Par exemple, "Je mange des légumes" devient "Je ne mange pas de légumes". Essayez de trouver la forme négative correcte pour chaque phrase afin de mettre en pratique les règles de la négation que nous avons vues jusqu'à présent.

En résumé, les règles de la négation en français sont essentielles pour exprimer la négativité de manière précise. En utilisant des mots tels que "ne", "pas", "plus", "personne" et "rien", vous pourrez communiquer vos idées avec clarté. Continuez à pratiquer et à vous exercer pour renforcer votre maîtrise de cette technique linguistique.

Lorsque vous serez à l'aise avec les différentes formes de négation en français, vous pourrez vous exprimer avec précision et éviter les erreurs courantes. La maîtrise de cette technique linguistique vous ouvrira de nombreuses portes dans votre parcours d'apprentissage du français.

Nous espérons que ce chapitre sur les règles de la négation vous a été utile et que vous continuez à progresser dans votre maîtrise de la langue française. Restez attentif et préparez-vous à explorer de nouveaux concepts passionnants dans les prochains chapitres de ce livre.

Nous vous remercions d'avoir suivi ce chapitre et nous sommes impatients de vous retrouver pour de nouvelles découvertes linguistiques dans les prochains chapitres de ce livre captivant. Continuez à pratiquer et à vous exercer, et bientôt, vous serez imbattables en orthographe et en grammaire française !

À bientôt et bonne continuation dans votre apprentissage du français.

Chapitre 15: Les expressions de temps

Familiarisez-vous avec les expressions de temps pour situer vos actions dans le passé, le présent et le futur.

Lorsque nous discutons de l'écriture et de la communication, il est essentiel de comprendre comment situer nos actions dans le temps. Les expressions de temps nous aident à organiser nos idées et à rendre nos histoires plus claires et plus cohérentes. Dans ce chapitre, nous allons explorer différentes expressions de temps pour comprendre comment les utiliser de manière efficace.

Commençons par le passé. Lorsque nous voulons parler de quelque chose qui s'est déjà produit, nous utilisons des expressions comme "hier", "il y a longtemps", ou "l'année dernière". Celles-ci nous aident à replacer nos événements dans un contexte temporel précis. Par exemple, "Hier, j'ai mangé une délicieuse glace à la vanille". Ces expressions ajoutent de la couleur à nos récits et permettent aux lecteurs de se mettre à notre place.

Pour le présent, nous avons également des expressions qui nous aident à décrire des actions en cours ou des situations actuelles. Par exemple, "en ce moment", "aujourd'hui", ou "maintenant". Ces expressions situent nos actions dans le présent et donnent une impression de fraîcheur et de vivacité à nos récits. Par exemple, "En ce moment, je suis en train de lire un livre passionnant".

Enfin, pour le futur, il existe des expressions de temps qui nous permettent de parler d'événements ou d'actions à venir. Nous pouvons utiliser des mots comme "demain", "plus tard", ou "bientôt". Ces expressions créent une anticipation chez les lecteurs et les incitent à continuer à lire pour découvrir ce qui va se passer. Par exemple, "Demain, je partirai en vacances à la mer".

Maintenant que nous avons exploré quelques-unes des expressions de temps les plus courantes, il est important de les utiliser avec précision. Rappelez-vous que le choix de l'expression de temps dépendra du contexte de votre récit. Posez-vous les questions suivantes : "Quand cela s'est-il passé ?" ou "Quand cela se passera-t-il ?" Cela vous aidera à savoir si vous devez utiliser une expression de temps du passé, du présent ou du futur.

Il est également important de noter que certaines expressions de temps peuvent varier en fonction du registre de langue utilisé. Dans un langage formel, nous pourrions dire "dans un mois", tandis que dans un langage plus familier, nous pourrions dire "dans pas longtemps". Il est donc essentiel de comprendre le registre approprié à utiliser en fonction du public auquel vous vous adressez.

Maintenant que vous avez appris à vous familiariser avec les expressions de temps pour situer vos actions dans le passé, le présent et le futur, à vous de jouer ! Pratiquez l'utilisation de ces expressions dans vos propres histoires et observations quotidiennes. Continuez à observer et à écouter attentivement les personnes qui vous entourent, car vous remarquerez que les expressions de temps font partie intégrante de notre communication quotidienne.

Souhaitez-vous en apprendre davantage sur la manière de construire des phrases avec des expressions de temps pour rendre votre écriture encore plus captivante ? Alors, rejoignez-nous dans la deuxième partie de ce chapitre, où nous approfondirons cette compétence essentielle pour maîtriser la langue française. Restez à l'écoute pour la suite de nos énigmes du cerveau !Dans la première partie de ce chapitre, nous avons appris à utiliser différentes expressions de temps pour situer nos actions dans le passé, le présent et le futur. Maintenant, récapitulons ce que nous avons appris et approfondissons notre compréhension de l'utilisation de ces expressions dans la construction de phrases captivantes.

Tout d'abord, rappelons-nous des expressions de temps du passé. Lorsque nous voulons parler d'événements passés, nous utilisons des mots tels que "hier", "il y a longtemps" ou "l'année dernière". Par exemple, "Hier, j'ai visité un musée passionnant". En utilisant ces expressions, nous pouvons transporter nos lecteurs dans le passé et leur permettre de vivre nos expériences avec nous.

Passons maintenant aux expressions de temps du présent. Lorsque nous souhaitons décrire des actions en cours ou des situations actuelles, nous utilisons des mots tels que "en ce moment", "aujourd'hui" ou "maintenant". Par exemple, "En ce moment, je suis en train de jouer au football avec mes amis". Ces expressions ajoutent une touche de fraîcheur et de dynamisme à nos récits, permettant aux lecteurs de se sentir pleinement immergés dans l'action.

Enfin, il est temps d'explorer les expressions de temps du futur. Lorsque nous voulons parler d'événements ou d'actions à venir, nous utilisons des mots tels que "demain", "plus tard" ou "bientôt". Par exemple, "Demain, je vais rendre visite à ma grand-mère". Ces expressions créent une anticipation chez nos lecteurs et les poussent à continuer à lire pour découvrir ce qui va se passer.

Maintenant que nous avons revu les expressions de temps du passé, du présent et du futur, voyons comment les utiliser avec précision. Lorsque vous écrivez, demandez-vous toujours : "Quand cela s'est-il passé ?" ou "Quand cela se passera-t-il ?". Cela vous aidera à choisir la bonne expression de temps pour rendre votre récit cohérent.

Il est important de noter que certaines expressions de temps peuvent varier en fonction du registre de langue utilisé. Dans un langage formel, nous pourrions dire "dans un mois", tandis que dans un langage plus familier, nous pourrions dire "dans pas longtemps". Il est donc essentiel de comprendre le registre approprié à utiliser en fonction de votre auditoire, que ce soit des amis, des enseignants ou des membres de votre famille.

Maintenant que vous avez une meilleure compréhension des expressions de temps et de leur utilisation, il est temps de les mettre en pratique. Vous pouvez commencer par écrire vos propres histoires en utilisant ces expressions de manière créative et captivante. N'oubliez pas de toujours observer et écouter attentivement les personnes qui vous entourent, car vous remarquerez que les expressions de temps font partie intégrante de notre communication quotidienne.

Continuez à lire, à écrire et à explorer les merveilles de la langue française. La maîtrise des expressions de temps vous aidera à devenir un écrivain encore plus talentueux et à raconter vos histoires avec clarté et imagination.

Dans notre prochain chapitre, nous plongerons dans une autre énigme passionnante du cerveau. Restez à l'écoute pour en savoir plus !

Chapitre 16: Les règles de l'accord du participe passé

Maîtrisez les règles complexes de l'accord du participe passé pour des phrases grammaticalement correctes.

Dans ce chapitre, nous allons découvrir les règles de l'accord du participe passé, une composante essentielle de la grammaire française. Maîtriser ces règles vous permettra de construire des phrases grammaticalement correctes et de vous exprimer avec précision. Comme vous le savez déjà, le participe passé est une forme verbale utilisée pour exprimer une action déjà accomplie. Cependant, son accord avec le sujet ou l'objet peut être source de confusion.

Pour commencer, il est important de rappeler que le participe passé s'accorde en genre et en nombre avec le sujet lorsque le verbe est conjugué avec l'auxiliaire "être". Par exemple, dans la phrase "Elle est allée au parc", le participe passé "allée" s'accorde en genre et en nombre avec le sujet "elle", qui est féminin singulier.

En revanche, lorsque le verbe est conjugué avec l'auxiliaire "avoir", le participe passé s'accorde en genre et en nombre avec le complément d'objet direct seulement si celui-ci est placé avant le verbe. Dans la phrase "J'ai mangé les délicieuses crêpes", le participe passé "mangé" ne s'accorde pas avec le sujet "j'ai", mais avec le complément d'objet direct féminin pluriel "crêpes".

Cependant, certaines exceptions à ces règles peuvent rendre l'accord du participe passé plus complexe. Par exemple, lorsque le verbe est pronominal, le participe passé s'accorde toujours avec le sujet, qu'il soit placé avant ou après le verbe. Dans la phrase "Elles se sont levées tôt", le participe passé "levées" s'accorde avec le sujet féminin pluriel "elles".

De plus, certains verbes irréguliers, tels que "avoir" et "être", ont des accords particuliers. Par exemple, dans la phrase "Les enfants sont sortis de l'école", le participe passé "sortis" s'accorde en genre et en nombre avec le sujet pluriel "enfants".

Il est également important de noter que les verbes pronominaux réfléchis et réciproques ont des accords différents. Les verbes pronominaux réfléchis s'accordent avec le sujet, tandis que les verbes pronominaux réciproques s'accordent en genre et en nombre avec le sujet et le complément d'objet direct. Par exemple, dans la phrase "Ils se sont regardés dans le miroir", le participe passé "regardés" s'accorde avec le sujet pluriel "ils" et avec le complément d'objet direct "se".

En comprenant ces règles complexes d'accord du participe passé, vous serez en mesure de construire des phrases grammaticalement correctes et d'éviter les erreurs courantes dans votre expression écrite. Cependant, n'oubliez pas que la pratique régulière est essentielle pour la maîtrise de cette règle. Continuez à vous exercer et à utiliser ces règles dans vos écrits pour gagner en confiance et en précision.

Sachez que vous avez fait un grand pas en apprenant les règles de l'accord du participe passé. Dans la deuxième partie de ce chapitre, nous explorerons des exemples concrets et des astuces pour vous aider à consolider votre compréhension de ces règles. Soyez prêt à relever de nouveaux défis et à approfondir vos connaissances. La maîtrise de l'accord du participe passé vous rendra imbattable en orthographe et en grammaire !

Dans cette deuxième partie du chapitre sur les règles de l'accord du participe passé, nous allons explorer des exemples concrets et des astuces supplémentaires pour vous aider à consolider votre compréhension de ces règles grammaticales essentielles.

Tout d'abord, il est important de se rappeler que certains verbes ont des participes passés irréguliers qui doivent être appris par cœur. Ces verbes, tels que "avoir" et "être", ont des formes particulières pour chaque genre et chaque nombre. Par exemple, le participe passé du verbe "avoir" est "eu" au masculin singulier, "eue" au féminin singulier, "eus" au masculin pluriel et "eues" au féminin pluriel. Quant au verbe "être", son participe passé varie également en genre et en nombre : "été" au masculin singulier, "été" au féminin singulier, "étés" au masculin pluriel et "étées" au féminin pluriel.

Ensuite, penchons-nous sur le cas des verbes pronominaux. Lorsque le verbe pronominal est à l'infinitif, le pronom réfléchi "se" est placé devant le verbe. Par exemple, dans la phrase "Elle va se promener", le pronom "se" est utilisé pour indiquer que l'action du verbe "promener" est réfléchie sur le sujet "elle". Ainsi, le participe passé "promenée" s'accorde en genre et en nombre avec le sujet féminin singulier "elle". En revanche, lorsqu'un verbe pronominal est conjugué avec un auxiliaire tel que "être" ou "avoir", le participe passé s'accorde avec le sujet et le pronom réfléchi. Par exemple, dans la phrase "Elles se sont lavées les mains", le participe passé "lavées" s'accorde avec le sujet féminin pluriel "elles" et avec le pronom réfléchi "se".

Il est également important de connaître les règles spécifiques d'accord du participe passé lorsque le verbe est utilisé au passé composé avec l'auxiliaire "avoir". Dans ce cas, le participe passé s'accorde en genre et en nombre avec le complément d'objet direct si celui-ci est placé avant le verbe. Par exemple, dans la phrase "Les fleurs que j'ai achetées sont magnifiques", le participe passé "achetées" s'accorde en genre et en nombre avec le complément d'objet direct féminin pluriel "fleurs". Cependant, si le complément d'objet direct est placé après le verbe, le participe passé reste invariable. Par exemple, dans la phrase "J'ai acheté les fleurs", le participe passé "acheté" ne s'accorde pas avec le complément d'objet direct "les fleurs".

En comprenant et en appliquant ces règles d'accord du participe passé, vous serez en mesure de construire des phrases grammaticalement correctes et d'éviter les erreurs courantes dans votre expression écrite. Pratiquez régulièrement l'utilisation de ces règles dans vos écrits, ce qui vous permettra de gagner en confiance et en précision.

Pour conclure ce chapitre, n'oubliez pas que l'orthographe et la grammaire jouent un rôle essentiel dans la communication écrite. En maîtrisant les règles de l'accord du participe passé, vous deviendrez imbattable en orthographe et en grammaire, ce qui vous permettra de vous exprimer avec clarté et précision en français.

Continuez à lire, à pratiquer et à explorer d'autres aspects de la langue française pour enrichir votre connaissance et votre maîtrise de cette belle langue.

Chapitre 17: Les raisons d'aimer la langue française

Découvrez les raisons pour lesquelles la langue française est belle, riche et mérite d'être apprise.

La langue française est un trésor inestimable qui mérite d'être découvert et chéri. Elle est réputée pour sa beauté, sa richesse et son élégance. En effet, elle possède un charme unique qui transporte ses locuteurs dans un monde enchanté. Que vous soyez un enfant ou un parent, apprendre le français est une expérience enrichissante qui vous ouvre les portes d'une culture fascinante.

Tout d'abord, la sonorité de la langue française est une véritable mélodie pour nos oreilles. Chaque mot est prononcé avec une douceur et une délicatesse qui lui confèrent une musicalité captivante. Le français est une langue qui se murmure, se chante et se déclame avec une élégance enivrante. En vous abandonnant à sa mélodie, vous découvrirez un nouveau moyen d'expression empreint de poésie.

Ensuite, la richesse du vocabulaire français est un trésor à explorer. Avec plus de 100 000 mots, le français offre une palette infinie de possibilités pour s'exprimer avec précision. Chaque mot a une nuance et une subtilité qui lui sont propres. En explorant le vocabulaire français, vous acquerrez la capacité de communiquer avec précision et finesse. Vous serez émerveillé par la richesse de la langue et la variété des mots qui vous permettront de décrire le monde qui vous entoure.

La grammaire française, bien que complexe, est une charpente solide qui donne une structure harmonieuse à la langue. Elle vous permettra de construire des phrases structurées avec élégance. En maîtrisant les règles grammaticales françaises, vous développerez vos compétences en communication et renforcerez votre pensée logique. L'apprentissage du français vous aidera à affiner votre esprit critique et vous permettra de mieux comprendre les subtilités du langage.

Mais la langue française ne se limite pas seulement à sa beauté et à sa richesse. Elle est aussi un pont vers une culture riche et diversifiée. En explorant la littérature, le cinéma, la musique et l'art français, vous plongerez dans un univers foisonnant d'idées et d'émotions. Vous découvrirez les grands écrivains français tels que Victor Hugo, Charles Baudelaire et Marcel Proust, dont les œuvres ont marqué l'histoire de la littérature mondiale. Vous serez également séduit par les chefs-d'œuvre du cinéma français, qui ont su captiver les spectateurs du monde entier.

Apprendre le français, c'est aussi voyager dans des pays francophones et vivre des aventures uniques. Vous pourrez flâner dans les ruelles pittoresques de Paris, déguster une baguette croustillante dans une boulangerie traditionnelle, ou encore explorer les magnifiques plages de la Côte d'Azur. Le français est une langue qui vous permettra de vous connecter avec des millions de personnes à travers le monde et de découvrir de nouvelles cultures.

Ce premier volet du chapitre 17 vous a introduit aux raisons qui font de la langue française une merveille à découvrir. Vous avez aperçu sa beauté sonore, sa richesse lexicale, sa grammaire structurée et son lien étroit avec une culture captivante. Mais ce n'est que le début de l'aventure ! Dans la seconde partie de ce chapitre passionnant, nous explorerons en détail les nombreux avantages que l'apprentissage du français peut offrir à votre vie quotidienne. Restez à l'écoute et préparez-vous à être éblouis par les bienfaits insoupçonnés que cette langue exceptionnelle peut vous offrir.

Dans la seconde partie de ce chapitre fascinant, nous allons plonger plus profondément dans les nombreux avantages que l'apprentissage du français peut offrir à votre vie quotidienne. Non seulement cette langue vous permettra de communiquer avec précision et finesse, mais elle vous offrira également de nouvelles opportunités et des bénéfices insoupçonnés.

L'un des avantages les plus évidents de parler français est la possibilité de voyager en toute confiance dans les pays francophones. Que vous rêviez de flâner dans les ruelles pittoresques de Paris, de visiter les châteaux de la Loire ou de vous détendre sur les magnifiques plages de la Côte d'Azur, maîtriser le français vous permettra d'explorer ces sites emblématiques sans barrière linguistique. Vous pourrez vivre une immersion totale dans la culture locale, nouer des liens avec les habitants et découvrir des trésors cachés que les touristes ne connaissent pas.

De plus, la connaissance de la langue française est un atout précieux sur le marché du travail. Dans un monde de plus en plus connecté, de nombreuses entreprises recherchent des candidats bilingues ou multilingues. En maîtrisant le français, vous aurez un avantage concurrentiel et vous ouvrirez de nouvelles opportunités professionnelles. Que vous souhaitiez travailler dans les domaines de la diplomatie, de la mode, de la gastronomie, de la culture ou du tourisme, la maîtrise du français sera un atout indéniable.

L'apprentissage du français peut également stimuler votre cerveau et améliorer vos capacités cognitives. Des études ont montré que l'apprentissage d'une deuxième langue peut renforcer la mémoire, la concentration et même ralentir le processus de déclin cognitif lié à l'âge. En vous lançant dans l'aventure de l'apprentissage du français, vous solliciterez votre cerveau de manière ludique et stimulante, en développant de nouvelles connexions neuronales et en améliorant votre capacité d'apprentissage.

La langue française peut également être un véritable passeport culturel. En explorant la littérature, la musique, le cinéma et l'art français, vous serez immergé dans des univers riches et variés. Vous découvrirez les chefs-d'œuvre de la littérature française, tels que "Les Misérables" de Victor Hugo, "Les Fleurs du Mal" de Charles Baudelaire et "À la recherche du temps perdu" de Marcel Proust, qui ont influencé des générations de lecteurs et continuent d'inspirer les esprits créatifs du monde entier.

Enfin, l'apprentissage du français vous permettra de tisser des liens avec des millions de personnes à travers le monde. En utilisant cette langue séduisante et élégante, vous pourrez communiquer et échanger avec des personnes de différentes cultures et origines. Vous découvrirez de nouvelles perspectives, élargirez votre vision du monde et développerez une ouverture d'esprit.

En conclusion, la langue française est bien plus qu'un simple outil de communication. C'est une source de plaisir, de découverte et d'enrichissement personnel. En apprenant cette langue magnifique, vous ouvrirez les portes d'un univers captivant et vous développerez des compétences précieuses qui vous accompagneront tout au long de votre vie. Alors, n'hésitez plus et embarquez dans cette aventure extraordinaire que vous offre la langue française !

Chapitre 18: Les expressions françaises célèbres

Plongez dans le patrimoine linguistique français en découvrant des expressions célèbres et leur signification.

Les expressions françaises sont comme des petits trésors cachés dans la langue qui nous permettent de communiquer de façon imagée et riche en sens. Chaque région, chaque époque a laissé son empreinte dans cette importante partie de notre patrimoine linguistique. Apprenons ensemble quelques-unes de ces expressions célèbres qui nous offrent un aperçu de la richesse de la langue française.

1. "Avoir du pain sur la planche"

Cette expression est utilisée pour signifier qu'une personne a beaucoup de travail ou de responsabilités à accomplir. L'origine de cette expression remonte au 19e siècle où les boulangers avaient l'habitude de préparer et cuire le pain sur une grande planche en bois. Avoir "du pain sur la planche" signifiait donc qu'il y avait encore beaucoup de travail à faire.

2. "Poser un lapin"

Si quelqu'un vous dit qu'il va vous rejoindre à un rendez-vous, mais qu'il ne vient finalement pas, on dit alors qu'il vous "pose un lapin". L'origine de cette expression est incertaine, mais on raconte qu'elle remonte au temps des bals du 19e siècle. Parfois, des personnes mal intentionnées faisaient croire à quelqu'un qu'elles allaient venir danser avec elles, mais ne venaient finalement pas.

3. "Marcher sur des œufs"

Cette expression signifie qu'il faut agir avec prudence et délicatesse dans une situation délicate. L'origine de cette expression proviendrait des conquistadors espagnols, qui auraient marché sur des œufs ou des coquilles d'œufs pour éviter de se faire remarquer en territoire ennemi.

4. "Prendre son pied"

Cette expression est utilisée de manière familière pour exprimer le plaisir ou le contentement. Son origine est plutôt curieuse puisqu'elle remonte au langage des cabarets parisiens du 19e siècle. À l'époque, les danseuses en ligne étaient perchées sur des pieds de chaises pour réaliser leurs chorégraphies. L'expression "prendre son pied" faisait alors référence à la sensation de plaisir éprouvée lors de ces danses endiablées.

5. "Tomber dans les pommes"

Si quelqu'un perd connaissance ou s'évanouit, on dit qu'il "tombe dans les pommes". Cette expression a un lien surprenant avec les pommes en tant que fruit. Au 17e siècle, l'apparition de la notion de "malaise" était souvent associée à une chute de tension. Les pommes étaient considérées comme des fruits rafraîchissants et revitalisants, d'où l'utilisation de l'expression.

Ces expressions françaises célèbres ne sont que quelques-unes parmi tant d'autres qui colorent notre langue. Elles témoignent de notre patrimoine culturel et offrent une porte d'entrée ludique et intéressante pour explorer la richesse de la langue française.

Dans la deuxième partie de ce chapitre, nous continuerons notre exploration des expressions françaises célèbres et de leur signification. Attendez-vous à de nouvelles découvertes passionnantes qui vous permettront de faire rayonner votre maîtrise du français. Restez connectés et prêts à plonger plus profondément dans les eaux mystérieuses de notre héritage linguistique.Dans cette deuxième partie du chapitre sur les expressions françaises célèbres, nous allons découvrir cinq autres expressions intéressantes et amusantes. Préparez-vous à plonger plus profondément dans les eaux mystérieuses de notre héritage linguistique.

6. "Être dans de beaux draps" Cette expression est utilisée pour décrire une personne qui se retrouve dans une situation difficile ou embêtante. Son origine remonte au 17e siècle, où le terme "draps" faisait référence aux vêtements. Être "dans de beaux draps" signifiait donc se retrouver dans des vêtements luxueux, mais inconfortables. Ainsi,

l'expression s'est progressivement transformée pour décrire une situation compliquée.

7. "Avoir le cafard" Si vous vous sentez triste ou déprimé, vous pouvez dire que vous avez "le cafard". Cette expression est apparue au début du 20e siècle et fait référence au cafard, un insecte nocturne et sombre. L'idée étant que lorsque l'on se sent triste, on ressemble à ce cafard qui se déplace lentement dans l'obscurité.

8. "Filer à l'anglaise" Lorsqu'une personne quitte discrètement un endroit sans dire au revoir, on dit qu'elle "file à l'anglaise". Cette expression trouve son origine au 19e siècle, lorsque les Anglais, réputés pour leur politesse, avaient pour habitude de quitter les soirées sans déranger ni saluer les autres invités. Ils filaient donc discrètement à l'anglaise.

9. "Faire le poireau" Cette expression est utilisée lorsque quelqu'un attend longtemps sans rien faire. Son origine est incertaine, mais on raconte qu'elle remonte aux soldats de la Première Guerre mondiale. Pour tromper leur ennui lors des longues attentes dans les tranchées, les soldats dessinaient des personnages de poireaux sur leurs carnets de bord. Ainsi, "faire le poireau" est devenu une expression pour désigner l'attente inactive.

10. "Se mettre sur son 31" Lorsque quelqu'un décide de s'habiller de manière élégante ou de se faire beau pour une occasion spéciale, on dit qu'il se met "sur son 31". L'origine de cette expression n'est pas tout à fait claire, mais il existe plusieurs hypothèses. L'une d'entre elles remonte au 19e siècle, où le 31 était un jour exceptionnel dans le calendrier, hors du commun. Ainsi, se mettre "sur son 31" signifiait se préparer pour une journée exceptionnelle.

Ces expressions françaises célèbres que nous avons découvertes dans ce chapitre témoignent de la richesse et de la créativité de notre langue. Elles sont un reflet de notre histoire, de notre culture et de notre façon imagée de communiquer. En les utilisant, vous pourrez rendre votre français encore plus coloré et vivant.

Continuez à explorer la langue française et à découvrir de nouvelles expressions. Imprégnez-vous de son patrimoine linguistique et soyez fiers de maîtriser cette magnifique langue. Nous vous encourageons à partager ces expressions avec vos amis et votre famille, afin de les faire découvrir à un plus large public.

Nous espérons que ce chapitre sur les expressions françaises célèbres vous a plu et que vous en avez appris de nouvelles. N'oubliez pas qu'apprendre les règles du français et être imbattables en orthographe demande de la pratique et de la persévérance. Continuez votre apprentissage avec passion et vous verrez que vous pourrez bientôt utiliser ces expressions avec aisance.

Merci de nous avoir accompagnés dans cette aventure linguistique. Restez connectés pour de nouvelles découvertes passionnantes dans notre livre "Apprenez les règles du français et soyez imbattables en orthographe !" Bonne continuation dans votre parcours d'apprentissage du français !

Chapitre 19: Les mots difficiles

Explorez une compilation de mots français qui posent souvent des difficultés et apprenez à les maîtriser.

Chers lecteurs,

Bienvenue au Chapitre 19 de notre livre, intitulé "Les mots difficiles". Dans ce chapitre, nous allons explorer une compilation de mots français qui posent souvent des difficultés et vous apprendrez à les maîtriser. Que vous soyez un enfant soucieux d'améliorer votre orthographe ou un parent désireux d'aider votre enfant dans son apprentissage, nous mettons tout en œuvre pour vous rendre imbattables en orthographe !

La langue française regorge de mots aux orthographes parfois déroutantes, mais ne vous inquiétez pas, nous sommes là pour vous guider et vous aider à les assimiler. Commençons sans plus tarder !

Premièrement, penchons-nous sur les mots qui se prononcent différemment de leur orthographe. Prenez par exemple le mot "oignon". Vous prononcez probablement "oignOn", mais en réalité, il se prononce "oignoN". Comme vous le voyez, certains mots peuvent nous jouer des tours, mais avec de la pratique, vous les maîtriserez sans problème.

Ensuite, abordons les mots qui se ressemblent, mais dont les significations sont différentes. Prenons l'exemple de "ce", "se" et "ça". Ces mots se ressemblent beaucoup, mais ils ont des usages bien distincts. "Ce" est utilisé pour désigner quelque chose de proche, "se" est un pronom réfléchi, tandis que "ça" est une forme familière de "cela". Il est fondamental de comprendre ces nuances pour éviter les erreurs courantes lors de l'écriture.

Parlons maintenant des mots qui comportent des lettres muettes. Prenons le mot "doute". Pourquoi cette lettre "e" ne se prononce-t-elle pas ? La raison est que certaines lettres muettes sont présentes pour donner une indication sur la prononciation des autres lettres. Il est donc important de les connaître afin de ne pas se laisser piéger.

Passons ensuite aux mots qui s'écrivent différemment de leur prononciation. Vous avez sûrement remarqué que certains mots ne se prononcent pas comme ils s'écrivent. Par exemple, "mais" se prononce "mé" et "beaucoup" se prononce "bocou". Ces écarts peuvent sembler déroutants, mais en apprenant les règles phonétiques, vous serez en mesure de les décoder plus aisément.

Enfin, intéressons-nous aux mots qui changent de genre. Savez-vous que certains mots peuvent changer de genre selon leur utilisation ? Par exemple, "un livre" est masculin, mais "une livre" désigne une unité de poids et est féminin. Ces subtilités sont importantes pour une orthographe impeccable.

Voilà, vous avez maintenant exploré la première moitié de notre Chapitre 19 sur les mots difficiles du français. Nous espérons que ces premiers exemples vous ont captivé et vous ont donné envie d'en savoir plus dans la seconde partie. Ne vous inquiétez pas, nous ne vous laisserons pas sur votre faim ! Dans la prochaine partie de ce chapitre, nous aborderons des astuces et des exercices pratiques pour vous aider à consolider vos connaissances.

À bientôt pour la suite de notre exploration des mots difficiles, où vous deviendrez des experts de l'orthographe. Soyez prêts à relever de nouveaux défis et à approfondir encore plus vos compétences linguistiques. Jusqu'à la prochaine fois !

Dans cette seconde partie de notre Chapitre 19 sur les mots difficiles du français, nous allons approfondir votre compréhension de ces termes délicats et vous donner des outils pratiques pour les maîtriser pleinement. Préparez-vous à relever de nouveaux défis et à améliorer vos compétences linguistiques encore plus !

Comme nous l'avons mentionné précédemment, les mots difficiles du français peuvent souvent se prononcer différemment de leur orthographe. Il est essentiel de comprendre ces prononciations afin de ne pas tomber dans le piège. Par exemple, le mot "poisson" se prononce "poissOn" avec une nasalisation sur le "n". Essayez de prononcer ce mot à voix haute pour vous familiariser avec sa sonorité particulière.

En plus des différences de prononciation, il est également important de connaître les mots qui se ressemblent mais dont les significations sont différentes. Reprenons les exemples de "ce", "se" et "ça". Rappelez-vous que "ce" est utilisé pour désigner quelque chose de proche, "se" est un pronom réfléchi et "ça" est une forme familière de "cela". Une bonne compréhension de ces nuances vous aidera à éviter les erreurs courantes lors de l'écriture.

Une autre difficulté réside dans les mots comportant des lettres muettes. Prenons l'exemple du mot "psychologie". Pourquoi cette lettre "h" est-elle silencieuse ? Les lettres muettes peuvent parfois sembler déroutantes, mais elles sont présentes pour nous donner des indications sur la prononciation des autres lettres. Familiarisez-vous avec ces mots et entraînez-vous à les prononcer correctement.

Outre les lettres muettes, certains mots du français peuvent également s'écrire différemment de leur prononciation. Par exemple, le mot "lit" se prononce "li" et "oiseau" se prononce "wazo". Cette distinction peut sembler étrange, mais en apprenant les règles phonétiques, vous pourrez décoder plus facilement ces écarts entre la phonétique et l'orthographe.

Enfin, abordons le dernier défi de cette moitié du chapitre : les mots qui changent de genre. Savez-vous que certains mots peuvent changer de genre selon leur utilisation ? Par exemple, "un acteur" est masculin, mais "une actrice" est féminin. Ces subtilités sont essentielles pour une orthographe impeccable et une utilisation précise de la langue française.

Voilà, vous avez à présent exploré la seconde partie de notre Chapitre 19 sur les mots difficiles du français. Nous espérons que ces exemples supplémentaires vous ont captivé et vous ont permis d'approfondir votre compréhension. Continuez à pratiquer ces termes délicats et vous deviendrez bientôt des experts de l'orthographe !

Dans les prochains chapitres de notre livre , nous aborderons d'autres aspects passionnants de la langue française et vous fournirons de précieuses astuces pour améliorer votre maîtrise de l'orthographe. Restez donc à l'affût et poursuivez votre apprentissage avec nous.

Continuez à pratiquer, à lire et à écrire en français. Votre persévérance sera récompensée et vous deviendrez bientôt des experts en orthographe ! À très bientôt pour de nouvelles découvertes linguistiques et défis passionnants, chers lecteurs et chères lectrices !

Chapitre 20: Devenez imbattables en français !

Récapitulez toutes vos connaissances et astuces en français pour devenir expert en orthographe et en grammaire.

Chers enfants et parents,

Bienvenue dans la première moitié du chapitre 20 de notre livre passionnant "Apprenez les règles du français et soyez imbattables en orthographe ! Les énigmes du cerveau". Dans cette section, nous allons enfin vous dévoiler les clés pour devenir vraiment incollables en français !

Nous espérons que vous avez suivi attentivement notre parcours, en explorant les nombreux mystères et subtilités de la langue française. Maintenant, il est temps de rassembler toutes vos connaissances et astuces pour créer une base solide qui vous rendra expert en orthographe et en grammaire.

Tout d'abord, rappelons l'importance des règles fondamentales en français. Vous avez appris les conjugaisons des verbes réguliers, les différentes formes des adjectifs, les règles d'accord, les pronoms personnels, et bien d'autres encore. Ces bases sont essentielles pour construire des phrases correctes et cohérentes.

Ensuite, nous revoyons les pièges orthographiques les plus courants. Les homophones, ces mots qui se prononcent de la même manière mais s'écrivent différemment, peuvent parfois semer la confusion. Vous avez appris à distinguer "a" et "à", "et" et "est", "ce" et "se", entre autres. En connaissant ces différences subtiles, vous éviterez les erreurs embarrassantes.

En avançant dans nos leçons, vous avez également découvert des astuces pour améliorer votre grammaire. Vous avez compris l'importance de lire régulièrement pour enrichir votre vocabulaire et votre compréhension des règles grammaticales. La lecture vous permet de vous immerger dans différents styles d'écriture et d'observer comment les auteurs maîtrisent la langue française.

Une autre astuce essentielle pour devenir expert en français est de pratiquer régulièrement. Écrire des histoires, rédiger des poèmes, tenir un journal intime sont autant d'exercices qui vous permettront de consolider vos connaissances et de développer votre créativité linguistique. N'ayez pas peur de faire des erreurs, c'est en se trompant que l'on apprend !

Enfin, rappelez-vous que la motivation est la clé de la réussite. Apprendre une langue demande du temps et des efforts. Fixez-vous des objectifs réalisables et récompensez-vous lorsque vous les atteignez. Que ce soit en obtenant de bonnes notes à l'école ou en voyant votre expression écrite s'améliorer, chaque petit succès compte et vous rapproche de l'excellence en français.

Maintenant, nous vous invitons à prendre une pause et à réfléchir à tout le chemin parcouru jusqu'à présent. Rappelez-vous des règles fondamentales, des astuces utiles et de l'importance de la pratique régulière. La prochaine fois, dans la seconde moitié de ce chapitre, nous aborderons des contenus encore plus passionnants pour vous aider à devenir véritablement imbattables en français !

Suspendons donc cette première partie du chapitre ici, sans conclusion apparente. Laissons nos lecteurs curieux et impatients de lire la suite de nos révélations passionnantes. Restez à l'affût de la seconde moitié du chapitre 20, qui vous réserve encore bien des surprises !

Ne vous inquiétez pas, nous reviendrons bientôt avec la suite de ce chapitre captivant. En attendant, continuez à explorer le monde fascinant de la langue française et à développer vos compétences en orthographe et en grammaire.

Bonne continuation dans votre voyage d'apprentissage linguistique !

Dans cette seconde partie du chapitre, nous allons approfondir vos connaissances et vous présenter des astuces supplémentaires pour que vous deveniez véritablement imbattables en français ! Laissez-nous vous guider à travers les subtilités de la langue et découvrez de nouveaux outils pour améliorer votre orthographe et votre grammaire.

Tout d'abord, nous allons nous pencher sur les règles d'accord grammatical. Vous avez déjà acquis les bases, mais il est important de les renforcer. Rappelez-vous que le genre et le nombre des mots influent sur leur accord avec les autres éléments de la phrase. Prenons l'exemple des adjectifs : ils doivent s'accorder en genre et en nombre avec le nom auquel ils se rapportent. Par exemple, si le nom est féminin pluriel, l'adjectif devra lui aussi être au féminin pluriel. Gardez cela à l'esprit lorsque vous construisez vos phrases.

Ensuite, intéressons-nous aux conjugaisons des verbes irréguliers. Ces verbes ont des formes particulières qui diffèrent des verbes réguliers que vous avez déjà appris. Ils peuvent présenter des changements de radicaux, des irrégularités dans la formation des temps et des modes, ce qui peut parfois rendre leur conjugaison plus complexe. Continuer à les étudier et à les pratiquer vous permettra de les maîtriser davantage et d'enrichir votre expression écrite.

Un autre aspect important de la langue française est l'utilisation des prépositions. Les prépositions sont des mots clés qui indiquent la relation entre les différents éléments d'une phrase. Par exemple, la préposition "à" peut indiquer le but, la direction ou encore le fait de donner quelque chose à quelqu'un. Il est essentiel d'apprendre à les utiliser correctement pour éviter les erreurs d'accord ou de sens. Prenez le temps de les étudier et de les pratiquer dans des phrases afin de les intégrer naturellement à votre vocabulaire.

Parallèlement à l'apprentissage des règles grammaticales, nous vous encourageons à développer votre compréhension de la culture francophone. Plongez-vous dans des textes littéraires, des chansons, des films ou des émissions de télévision en français pour vous familiariser avec les expressions idiomatiques, les tournures de phrases et la prononciation authentique. L'immersion dans la langue et la culture constitue un moyen efficace d'enrichir votre apprentissage et de vous sentir plus à l'aise dans votre expression orale et écrite.

Enfin, n'oubliez pas que la pratique régulière est la clé de la réussite. Consacrez du temps chaque jour à lire, à écrire et à parler en français. Utilisez les connaissances que vous avez acquises tout au long de ce livre et mettez-les en pratique dès que vous le pouvez. Que ce soit en écrivant des lettres, en tenant un journal de bord, en participant à des discussions en français ou en demandant à votre famille de pratiquer avec vous, chaque moment d'exercice compte et vous rapproche de votre objectif.

Nous espérons sincèrement que ce chapitre vous aura inspiré à continuer votre voyage d'apprentissage linguistique. N'oubliez pas que l'apprentissage d'une langue est un processus continu, et chaque étape que vous franchissez vous rapproche un peu plus de la maîtrise de la langue française.

Continuez à explorer le monde fascinant du français, à vous améliorer et à relever de nouveaux défis linguistiques. Vous êtes sur la bonne voie pour devenir véritablement imbattables en français, alors ne baissez pas les bras et continuez à avancer avec enthousiasme et persévérance.

Merci de nous avoir accompagnés dans cette aventure et bon courage pour la suite de votre parcours linguistique ! Vous allez faire des merveilles en français.

www.ingramcontent.com/pod-product-compliance
Lightning Source LLC
Chambersburg PA
CBHW031445130726
47989CB00003B/1284